給与明細は謎だらけ

サラリーマンのための所得税入門

光文社新書

プロローグ

給与明細のふしぎ

給料日。現在、ほとんどの会社で給与は銀行振込になっている。あなたがサラリーマンなら、手元に給与明細が配られるだけである。あなたは自分の給与明細をじっくりと見たことがあるだろうか？　そこに記載されている項目の意味を確かめたことがあるだろうか？　さらに、そこに記載されている数字が正しいかどうかチェックしたことがあるだろうか？

手取額だけは確認するが、その金額で次の給料日までどうやりくりするかを考えるのが精一杯で、個々の項目をチェックする人は少ないはずだ。自分が一生懸命働いて受け取ることのできた給与が少しずつ、説明もないまま、そっとむしられていることに気づかないか、気づいても怒らないように慣らされているからである。

この本で扱うのは、こういうおとなしいサラリーマンの税金である。日本のサラリーマンの税金のむしられ方は、羊たちの毛刈りを連想させる。羊たちは、何も知らず毛をむしられ、吠えることもなく、羊飼いや番犬の誘導によりいとも簡単に引っ込んでくれる。だから、この本では日本のサラリーマンを「羊たち」と表現している箇所があるが、サラリーマンの方は怒らないでほしい。そこには、変わってほしいという願いがこめられているのである。

日本の羊たちは、実に従順である。毎月の源泉徴収（いわゆる「天引き」）に加えて、会社がしてくれる年末調整のおかげで、税金のことをほとんど考えないですむようにされている。だから、税制については、多少の不満があっても、よくわからないから、沈黙してしまう。たまに節税策を考えても、税務署にとってはメエ〜という鳴き声程度の威嚇《いかく》効果しかない。

誤った節税策

たとえば、『無税入門』（只野範男、飛鳥新社）というサラリーマン向けの節税策を紹介した本がある。しかし、そこで示されている方法は「?・」だらけの方法である。

細かい部分は端折《はしょ》って、ごくおおざっぱに説明すると、年収５００万円のサラリーマンが、意図的に副業を行い、その所得が（収入30万円、経費90万円で）マイナス60万円になり、そのおかげで所得税の対象となる所得がゼロになるというのである。５００万円の給与収入から控除（引くことが）できる給与所得控除や各種所得控除（これらの控除額が多いほど税金は安くなる）を引くと60万円になるそうだ。その差額の60万円と事業所得のマイナス60万円を相殺《そうさい》してゼロにする。このおかげで著者は所得税や住民税などを37年間で９００万円も減らすことができたというのである。がんばって９００万円の税金を儲けたと豪語しているのである。

でも、ちょっと考えるとおかしい。税金を減らすために、わざわざ仕事をして経費を収入以上に生じさせてマイナス60万円にするくらいなら、いっそ副業などせずアフター5はお茶でも飲んでいた方がよかったのではないだろうか。なぜなら、60万円のマイナスがなくなるのだから、それを37年間貯めておけば、２２００万円程度になり、税金を９００万円払ったとしても１３００万円程度は得したことになるからである。

単純に考えればそうなるにもかかわらず、節税したかのように書いてあるのは、なぜだろう。ひょっとするとこの経費として計上してきた90万円が実は家事費（税金の計算上控除できない私的支出）だからなのかもしれない。副業をやっていなければ家事費として控除できなかった支出が、副業をやったおかげで経費として控除できると考えたのだろうか。しかし、ふつうそういうことはない。また、副業からの所得は通常「雑所得」になるが、それを「事業所得」にしてマイナスを給与と相殺できたことを誇りたいのだろうか。それなら、そもそもマイナスになるような副業をしなければいいだけである。

羊たちのむしられ方

だが、こうした誤解はやむを得ないかもしれない。サラリーマンの税金問題をわかりやすく解説したものがないからである。いや、サラリーマン向け確定申告の手引きのようなものはあったが、正確に伝えねばならない性格上、サラリーマンにはやはり難しかったのかもしれない。

　そこで、この本では正確な数字よりも基本的な考え方などに重きを置いて、羊たちの税金問題、なかでも所得税に関することを中心に概説してみたい。羊たちが税の世界でどのような状況におかれているのかが見えてくるかもしれない。日本の羊たちは、知らないうちに毛をむしられ（源泉徴収）、その程度やむしられ方についてもわからないまま、不満や不安はあるが、でも大騒ぎするほどの負担感を抱かないですむようにされている。これは幸せなことなのだろうか、それとも不幸なことなのだろうか。

そのことを考えるためにも、羊たちのむしられ方を知っておこう。だから、この本は節税のノウハウ書ではない。サラリーマンの税制の現状をわかりやすく説明したものである。現状をどう変えていくか、それにはまず現状を知ることから始めなければならない。

なお本書では、一般名称として、女性の場合も「サラリーマン」に含まれることとした。また、従業員、社員、会社員、給与所得者、サラリーマン、〝羊たち〟などの名称が出てくるが、これらは給与収入を受けている人々を指し、ほぼ同じ意味合いで使っている。

この本の全体の流れ

この本で以下に解説していることの基本的な流れを紹介しておきたい。

【第1章】

第1章では給与明細の各項目のうち、所得税の収入金額に含まれるものを解説している。毎月の「収入金額」の確認である。

まず、本書では、給与明細に直接関わる所得税について主に解説している。この税金は、

〈資料0-1〉　国税・地方税の内訳

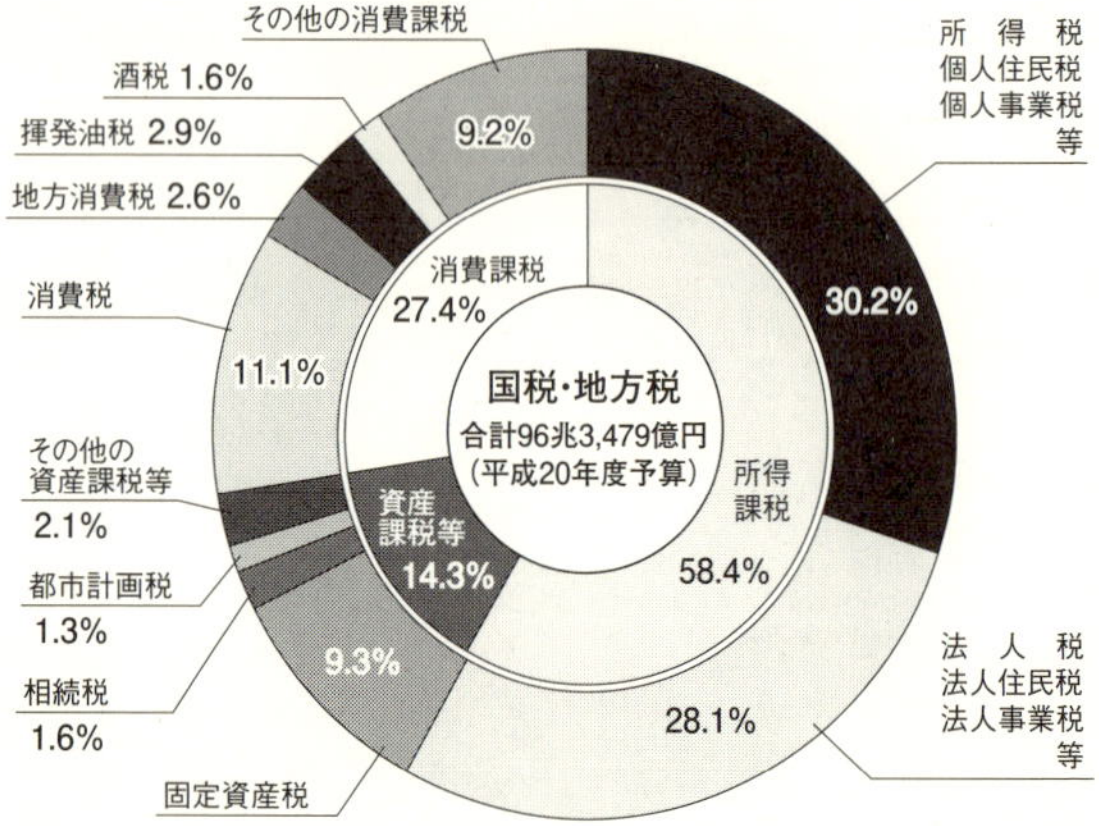

出所）財務省HPより

個人の所得に課税される税金で、法人の所得に課税される法人税と並んで国税の中心となっている（資料0－1）。この所得税に連動して、地方税の住民税も給与明細に関係してくるので、必要な部分について解説をしておいた。

次に、給与所得に対する所得税額は、資料0－2のような流れで決まっていく。本書では、この図の（イ）から（ヘ）までの流れを、順を追って解説してみたい。読み進めていくうちに、毎月手にしている給与明細や年末に受け取る源泉徴収票に隠されていた謎が、徐々に解けてくるはずだ。

「収入金額」というのは「所得金額」とは違うことに留意してほしい。いくら収入が多く

〈資料0-2〉　給与所得課税の流れ　　（平成20年10月現在）

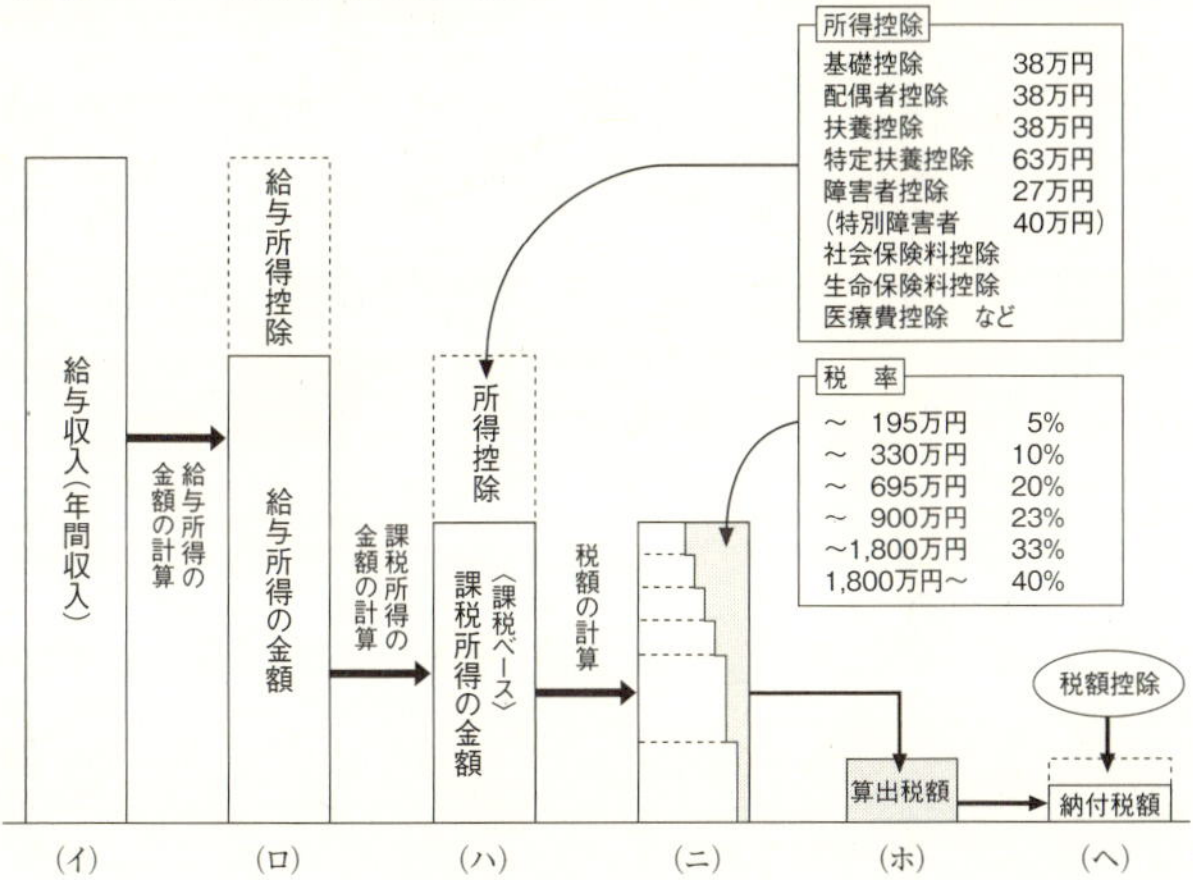

出所）財務省HP「所得税額計算の仕組み（給与所得者の場合）」より

ても必要経費が収入を上回れば「所得」は生じない。所得税は「所得」がなければ課税されないのである。年収800万円のサラリーマンと年収800万円の事業所得者（自営業者など）とでは、「所得」は同じではない。なぜなら、事業所得者の場合は、そこから仕入などの必要経費を控除した差額が所得になるのに、**サラリーマンの場合は、仕事のために実際に支出したものがあるとしても必要経費として控除することができない**からだ。その代わりに「給与所得控除」という所得税法で決められた金額を控除することができる。だから、事業所得者とサラリーマンとでは、まず「所得」を計算する段階で既に違っているのである。また、**サラリーマンは毎月の給**

与から所得税が会社によって天引き徴収され、国に納付されている。これを源泉徴収というが、どのような仕組みで源泉徴収がなされているのかも第1章で説明されている。

【第2章】

次に、第2章では事業所得者の「必要経費」に相当する、サラリーマンの給与所得控除を説明している。

「収入金額」（第1章）からこの「給与所得控除」（第2章）を差し引くと、これが「給与所得の金額」となる。

【第3章】

しかし、所得税は「給与所得の金額」に課されるのでもない。**副業などによる給与以外の所得金額があれば、それも合計しなければならないからだ。この合計額を「総所得金額」という。**給与以外の所得がない典型的なサラリーマンの場合は、「給与所得の金額」と「総所得金額」が同じことになる。この章では、このようなサラリーマンを例にして説明しよう。

次に、**所得税はこの「総所得金額」に課されるわけでもない**ことに注意してほしい。同じ

５００万円の総所得金額がある場合でも、税金を払える力（これを担税力という）が人によってだいぶ違うからである。独身者と、家族４人を扶養している人とを比較すれば、後者の方が大変なことはすぐにわかるはずである。そこで、所得税は所得を得た人の人的事情を配慮し、いろいろな支出を「総所得金額」から控除できるようにしている。どのような支出や人的事情が配慮されているかを、この第３章で示している。この**控除額が増えると課税される所得（課税総所得金額）が減る**ので、所得税の申告をするサラリーマンにとっては一番関心のあるところである。

この「総所得金額」から、この章で説明する「所得控除」を差し引くと、「課税総所得金額」がわかることになる。

この章で扱う所得控除は、第２章で紹介したサラリーマン特有の給与所得控除とは異なり、事業所得者を含む所得税の納税義務者すべてに適用されるものである。だから、サラリーマンではない読者も、ここは自分の問題として読んでいただきたい。

【第４章】

このように、**給与所得者の「課税総所得金額」がわかると、この部分にはじめて所得税率**

が課されるのである。所得税の税率は所得が多くなると高くなっていくが、その計算の仕方を誤解している人も多いので、一度確かめておいてほしい。

こうして負担すべき1年間の所得税額が明らかになるので、企業も**年末調整（従業員の1年間の給与を合計して、源泉徴収額を精算する制度）**ができ、年末調整では処理できないものは、サラリーマンが自ら確定申告をして調整することになる。

サラリーマンの給与は毎月支給されるときに源泉徴収された上に、さらに、年末に精算されることになる。源泉徴収という〝檻〟の中に囲い込まれていることがわかるだろう。

「課税総所得金額」に所得税率を適用し、所得税額（年末調整等で精算）が明らかになる。

【第5章】

こうしてサラリーマンの1年間の所得税確定までの流れを第4章までで示しておいた。第5章では荒れ狂う経済変動の中で、出向、転籍、会社の破産などの場合に生じる税金問題にも触れてみた。

【第6章】

こうした荒波を乗り越えて、無事退職した老後の税金問題、具体的には退職金、年金、熟年離婚、相続の場合に生じる税金問題の留意点を示しておいた。

*

毎月の給与から老後まで羊たちはどのようにして税金をむしられているのだろうか。気になる方はぜひ、以下の章を読んでみてほしい。

目次

第1章　給与明細の謎

（1）税金のかかる手当・かからない手当

給与所得に対する、所得税の流れは、既に述べたように、9ページの資料0－2のようになる。

本章で扱うのは、この図の一番左の部分（イ）に何が含まれるのか、ということである。

この「給与収入」（給与所得の収入金額）に含まれるのは、給与明細の項目のどれなのだろう。給与明細の典型例として、ある会社の給与明細を覗《のぞ》いてみよう（資料1－1）。

この羊さんも大変だな～、と同情する必要はない。大変なのはお互い様だ。個別にみていこう。

支給） | 有休取得日数 0.00日
有給休暇残 12.00日

調整も含まれます。

皆勤区分 0.00		
営業手当 0	在外手当 0	
通勤手当（非） 16,000	通勤手当（課） 0	実総支給額 371,100
所得税 8,970	住民税 12,000	
		差引支給額 190,765

給与の中心は基本給

給与所得というのは、①俸給（公務員の給

〈資料1-1〉　給与明細の一例

給与支給明細書		19年　12月分（平成19年12月25日
会社名	光文産業株式会社	今月もお疲れ様でした。今月は年末
部門名	000000　総務部	
氏　名	SP0040　森岡純太郎　　殿	

勤怠項目	出勤日数 17.00	欠勤日数 0.00	普通残業時間 0.00	深夜残業時間 0.00	休日出勤時間 0.00	遅刻早退時間 0.00
支給項目	基本給 310,000	役職手当 10,000	住宅手当 30,000	資格手当 0		食事手当 5,100
		家族手当 0	日直手当 0	宿直手当 0	時間外手当 0	勤怠控除 0
控除項目	健康保険 15,580	厚生年金保険 27,820	厚生年金基金 0	雇用保険 2,227	社会保険合計 45,627	309,473
	旅行積立 8,000	財形貯蓄 30,000	組合費 8,680			
集計	総支給額 371,100	総控除額 113,277	(内)介護保険 0	年末調整 −67,058	振込口座1 190,765	

与）、給料（ホワイトカラーの給与）、賃金（ブルーカラーの給与）、歳費（国会議員等の給与）、②賞与（臨時の給与）、③これらの性質を有する給与（このあと説明する各種手当など）、が広く対象となっている（所得税法28条）。社長や役員の報酬は、従業員のように会社との雇用関係に基づくものではないが、税法上は同じく給与所得に含まれている。会社という魔物に従属し、会社から支給されているという点では、羊も羊飼いも同じということだろう。

　会社から支給される給与のうち、その中心が「基本給」であることはいうまでもない。当然課税対象として「収入金額」になる。この基本給が非課税だったらどんなに幸せか。

いやいや、課税されても税額以上に基本給が高くなれば手取額は増えるのだから、やはり基本給が上がることの方がもっと大事だ。

「××手当」は基本的に給与

会社は、さまざまな名称で社員に労働の対価を支給する。それらの名称に係わりなく、労働の対価であれば、基本的に給与になる、と理解しよう。各種手当、安い金利での借入、現物支給など、どのような形態であれ、**実質的に労働の対価としての経済的利益が含まれていれば給与に含まれ課税対象となる。**労務の対価として使用者が労働者に払うものが労働基準法の本来の「賃金」（基本給や時間外労働手当など）であるが、それよりも税法上の給与の範囲は広い。

だから、**会社から支給されたもので非課税になる場合は少ない。**サラリーマンが会社に代わって支出している分を会社が実費補塡してくれる場合や、仕事でしか使えないものを支給された場合ぐらいしか非課税はない、と考えた方が無難である。「仕事でしか使えない」かどうかも、名目ではなく、実質で判断する（43ページ参照）。会社から支給される各種の「手当」も、基本的に給与に含まれる。

もし、「××手当」という名義にすると給与に含まれなくなるならば、基本給を減らして、その減らした分を他の名目の手当にすることで所得税を減らすことが可能になってしまう。それを防ぐために「役職手当」「資格手当」などさまざまな名称になっていても基本的には給与である、ということになっている。そのことを前提に以下の各種手当を見ていこう。

配偶者手当の「１０３万円の壁」

各種家族手当も、会社から支給される給与に該当する。労働の対価としての性格はないので、労働基準法では賃金としてサラリーマンに支払いが義務づけられているものでは必ずしもないが、就業規則などで定められていればサラリーマンは受け取れるし、受け取れば会社からの給付として給与になる。

この家族手当のうち、配偶者に対するものは要注意である。会社の給与規程をみると、配偶者のいる人に無条件に給付されるものではないからである。

たとえば、次のような条件が付されている。

１　家族手当は、扶養家族を有している者について、次の区分により支給する。

配偶者　１万円　第一子　４０００円　第二子　３０００円
父母または第三子　３０００円

２　前項に規定する扶養家族とは、次に掲げる者で、従業員の収入によって生計を維持する者をいう。

（１）主として家事に従事する配偶者
（２）満18歳未満の子、ただし、第三子までとする
（３）満60歳以上の父母

つまり「主として家事に従事している」配偶者でなければ、配偶者に対して家族手当は支給されないことが多い。この場合、配偶者にいくらの収入があると「主として家事に従事」していない、とされてしまうのかは会社によってまちまちであるが、多くの会社では労使の協定で所得税の配偶者控除の所得制限（所得38万円、給与収入にすると１０３万円）が流用されている。そのため、配偶者がパート労働をしている場合は、後述のように、**配偶者の収入金額が１０３万円を超えると、配偶者控除の対象にならなくなり、それに連動して、配偶者に対する家族手当も支給されなくなる**のである。

いや、支給されないどころか、返さねばいけないときもある。たとえば、11月まで、配偶者に対する家族手当を毎月１万円ずつ支給されていた男性サラリーマンの奥さんが年末に予定外の収入を得たとしよう。そうすると、限度額の１０３万円を12月時点で超えてしまうので、手当の支給条件を欠いてしまい、その年の手当をまとめて返還しなければならなくなる。右の事例では、年末のボーナスから11万円（１万円×11カ月）が消えていくのである。

よく「１０３万円の壁」といわれ、未《いま》だに税金問題のように誤解されているが、現在では税金問題というよりは給与の手当の問題であり、会社が手当の支給者を減らすために１０３万円基準を流用していることが問題なのである。いまだに税金の問題だと信じている人は、「配偶者控除」（１４０ページ参照）のところを読んで確かめてほしい。配偶者の「１０３万円の壁」は税法では実は解消されているのである。

子どもがアルバイトで稼いだお金や親の年金については別である。まだ税法上の「１０３万円の壁」があるし、会社の手当にもこの税法の基準が流用されることもある（１３２ページ参照）。具体的には、会社の給与規程を確かめてほしい。

社宅はトクか？

住宅手当もそのほかの手当と同様に給与に含まれるので課税される。労働の対価といえるのか問題はあるが、会社から勤務に係わって給付されるものであることはまちがいない。

住宅手当が給与に含まれるなら、その手当を実際に家賃として支払った場合、その家賃分は給与から控除できるのだろうか？　いや、それはダメである。家賃は「家事費」にすぎないと考えられているからである。「家事費」というのは、たとえば、家での食費などのように、私的生活のための支出のことで、仕事のための支出ではない、だから給与から控除することはできないということである。

しかし、サラリーマンが明日も元気に労働するためには家で休まねばならない。だから、家にかかった支出も仕事のための支出として給与から控除すべきではないだろうか。理屈の上では、後述のように、不可能ではないのである。だが、そう考えると、サラリーマンは仕事のために家で休んでいる、という寂しい存在にならないだろうか。仕事のために家で休んでいるのではなく、休日を家で楽しむために仕事をしているのだ、と実感できるような社会にしたいものである。

住宅手当が給与の収入金額に含まれるのに、その手当を実際に家賃として支出しても控除できないなら、住宅手当をもらうのをやめて、社宅に住んだらどうなるのだろう。次の例で考えてみよう。

> Ａ社は家賃10万円相当の社宅に入居している社員から家賃として毎月１万円給与から徴収している。
>
> 他方で、社宅に入居しない社員には住宅手当として毎月２万円支給している。

まず、社宅に入居していない社員が受け取る２万円は給与に含まれるので課税対象となる。それでは、社宅に入居している社員はどうなるのだろうか。明らかに10万円－１万円＝９万円の経済的利益を得ているではないか？　これは明らかに給与に含まれるのではないのだろうか。

理屈では、これも給与に含まれる。こういう利得はフリンジベネフィット（付加的給付）といわれるもので、広い意味での勤務関係に基づいて会社から支給される経済的利益だから給与に含まれるのである。そんな、バカな。社宅に住んでいるけど、そのことに課税されているなんて話は聞いたことがない、と反論されるかもしれないが、それは実務上の基準が緩やかで、会社が課税されないように工夫しているからである。

その工夫は次のように行われる。まず、その社宅の通常の賃料がいくらかを算定しなければならない。実務上は通常の建物であれば建物及び敷地の固定資産税評価額を基準に相当安い賃料相当額を算定する。具体的には、次の①②③の合計額である。

①〈その年の建物の固定資産税の課税標準額〉×0・2%
②12円×その建物の総床面積／3・3㎡
③〈その年の敷地の固定資産税の課税標準額〉×0・22%

これが基準となる。これだけでも実際の賃料相場と比べると相当低くなるはずである。しかも、この基準額の50%以上を家賃として徴収していれば経済的利益はなかったものとしてくれるのだ。ありがたいことではないか、ということで、会社は従業員から徴収する家賃を50%ぎりぎりの金額にして課税を逃れているのである。

だから、**税金のかからない利益がほしいなら社宅に住むことをお勧めする。**公務員が公務員宿舎に住むのは、安い賃金をこの経済的利益で補填しているのである。でも、社宅に住むことのデメリットはご存じの通り。筆者も昔国立大学に勤務し最初公務員宿舎に住んでいたが、宿舎の庭で酔った事務官が「♪教授、教授といばるな～教授、♪教授、助教授のなれの果て♪」とよく歌っていた。わかるな、その気持ち、と同情しつつも、家族とのんびり生活することを選択して、自宅を購入したのである。私的生活の保護は節税に勝るのではないだろうか。

なお、看護師や守衛など特殊な職業で、仕事上やむを得ない必要に基づいて特別に社宅や寮を借りる場合には、家賃が無料でもその家賃相当額は給与として課税されない場合がある。その一方で、役員が豪華な社宅に住む場合は、時価相当額を家賃として徴収しないと、その差額は給与として課税されることになる。

税制面で考慮されない日本の住宅

人間である以上必ず居住空間は必要である。その際、持ち家のない人は家賃を支払わねばならないが、持ち家のある人は支払わないですむ。これは経済的利益なので、課税されるのではないだろうか？

　こんなものまでが利益にされ、課税されるのはもってのほかだと考える方々が圧倒的多数であろう。しかし、理論的には、これは通常払うべきものを払わないですんだ、という意味での経済的利益であり、「帰属所得」といわれるものである。比較法的に見ると、北欧諸国などのように帰属家賃（払わないですんだ家賃）相当額を所得税の対象に取り込んでいる国もある。しかし、日本の所得税法では、帰属家賃を収入には含めず、所得税の課税対象にはしていない。

　よかった、日本は優しい国だと思う人、あなたは税制を勘違いしている！　大間違いだ！　日本はちっとも、優しくなんかないのだ。なぜなら、**日本では住宅は収入を生み出さない資産だから、住宅にかかった費用も一切所得税を計算する上で控除の対象にはしていない**からだ。家の維持費、固定資産税、減価償却費、ローン利子など、家にかかる支出はいろいろあるが、これらは家事費、つまり私的支出になってしまうのである。家はあなたが個人的生活のために建てたものだから、その費用はあなたの個人的支出にすぎない、というわけだ。

　逆に、北欧のように自宅を持っている人の家賃相当額を収入に含める場合は、家は収入・所得を生み出す資産になるので、家に関する支出は収入を生み出すための必要経費になる。

そうするとどうなるだろう。

仮に家賃相当額が月10万円と仮定すると、本来払うべきを払わなくてすんだ分として年間１２０万円の収入になる。しかし、これは収入金額だから、ここから各種経費を控除できるのである。家の維持費、固定資産税、減価償却費、ローン利子などを控除したら多くの人はマイナスになる。マイナスになったら、その金額を給与所得の金額などと相殺できるのである。その結果、徴収された源泉徴収額が戻ってくる。北欧の家賃課税制度は基本的にこのようなものである。家を持ちなさい、そうすれば税制で配慮しますよ、という制度だと考えた方がいい。

一方、日本の制度は、家はあなたが個人的に持ったものだから、税制では考慮しません、というものである。自助努力、自分の責任で家を持て、ということだ。住宅ローン控除制度で少し配慮しているだけ、というのが日本の税制の現状である。この住宅ローン控除制度が不況対策として平成21年度から大幅に拡大されたが、この不況時期にそもそも家を取得できると考えて制度を作ることの方が問題ではないだろうか。

時間外手当・営業手当は給与

いわゆる残業手当である時間外手当は当然給与に含まれる。管理監督者になると支給されなくなるが、管理監督者はいわゆる管理職と必ずしも同一ではなく、経営者と一体的な立場にある者としての実態を有しているかで判断されている。

営業手当も給与に含まれるが、手当を支給する理由については外勤に伴う実費の補填だとか、営業手当が支給されると通常時間外手当は支給されないから、その場合の残業代の補填だとか、さまざまな説明がされている。しかし、本当に実費補填なら、収入分の支出を余儀なくされているわけだから、理論的には非課税にされてもよいはずである。

営業手当の根拠はこのような必ずしも明確ではないが、会社が勤務に対応して支給しているので、給与に含まれるのである。

深夜勤務の際のホテル代・タクシー代は非課税

時間外勤務が深夜におよび、電車などを利用できなくなったとき、本人の選択によりタクシーを利用して帰宅するのではなく、近くのホテルに泊まり、そのホテル代を会社が負担することがある。その場合、実務（税務署での取扱という意味である）では、このホテル代は業務遂行上の理由があれば給与に含まれないとされている。これは当然だが、「業務遂行上の理由」（いろいろあるだろうが、社会通念上なるほどとうなずける理由である）を明確にしておかないと、税務署が問題にするかもしれない。

ホテルに泊まらずにタクシーで帰宅して、タクシー代を会社が負担した場合の取扱は明らかではないが、ホテル代が給与に含まれないのなら、同様に給与に含まれないと解されよう。恒常的にタクシーを利用する場合は通勤手当に含めるべきかもしれないが、臨時の場合は、緊急時に出社する場合のタクシー代の取扱と同様に給与に含まれないと考えてよいであろう。

1回につき4000円以下の宿直・日直手当は非課税

通常の労働時間のほかに宿直や日直をした場合、宿直料や日直料という名目で手当が支給されることがある。これも給与に含まれる。しかし、現在のところ、宿直や日直勤務1回につき支給される金額が4000円以下であれば給与に含まれない。ただし、食事が支給される場合は、その食事代分を引いた金額までという制限がある。

どういうことかというと、深夜に食事を現物支給した場合、その代金に相当する金額は給与に含まれないとされているので、その食事代と手当とを合計して4000円ということである。食事は家にいても当然することだから、その分を会社から支給されたら相殺する、ということかもしれない。４０００円まで給与に含まれないからといって、宿直・日直手当を４０００円以内に抑える必要もない。仮に、手当が５０００円だったら、差額の１０００円だけが給与の収入に含まれるので税金は少し増えるが、手取りは多くなるからだ。手当は多いに越したことはない。

なお、「深夜」というのは、労働基準法では午後10時から午前5時までをいうが、実際にはそれほど厳密に適用されるわけではないと思われる。

また、宿直や日直が通常の業務である人に対して支給された場合は全額給与である。そりゃ、そうでしょう。これはいわゆる夜勤であり、これが本来の仕事だから、手当としてではなく全額を給与としてもらっているはずだからである。また、宿直や日直勤務に対して振替休日が与えられる場合や、宿直手当や日直手当が一律でなく、役職や給与などに比例して決められている場合には、全額給与になる。これも、その通りかもしれない。本来の勤務の代わりに行っているだけなんだから。

深夜の食事代は３００円以下！

食事手当が現金で支給されることはまれであろうが、仮にそうであれば当然給与に含まれる。本来、食事代は自分たちの給与から出すべきものと考えられているからである。

しかし、深夜勤務をせざるをえないときの食事代は別である。その食事代を手当として支給する場合、現在の実務では、「勤務１回ごとの定額で支給する金銭で、その１回の支給額が３００円以下のものについては、課税しなくて差し支えない」となっている。

これは、今から四半世紀も前の１９８４（昭和59）年に取り決められたものなので、時代に見合っていない。いくらデフレの世の中とはいえ、深夜に３００円以下で食べられるものを想像すると哀れをもよおすではないか。深夜にタクシーで帰宅できる高級官僚たちには想像できないのだろう（恒常的に〝居酒屋タクシー〟を利用していたら、それは通勤手当として課税されることになるはずなのだが、課税されていたのだろうか？）。だから、現金で支給するより、現物で支給する方がいい。宿直者等への食事の現物支給は給与に含まれないからである。

ところで、夜食ではなく昼食などの場合はどうなるのだろうか。社員食堂のある会社のほとんどは、従業員に昼食等を安く提供している。外で食べると１０００円近くかかるが、社員食堂だと４００円ですむような場合、差額の６００円は理論的には給与だともいえる。そこで、この給与分をどう計算するのかが問題となる。材料を調理して提供する場合は食事の材料費分、業者から調理されたものを購入して提供する場合はその購入代金を基準にする。いやはや、実に細かいのである。

また、従業員にチケットのようなものを購入させている場合は、その代金が前記の材料費や購入費の50％以上で、月額３５００円までなら給与に含まれない。ただ、このようなことをいちいち気にしていたら、会社でおちおち食事もできないだろう。会社の食事代やチケット代は、右記の基準をクリアできるようにぎりぎりの金額で設定しているはずなので、あまり悩まない方がいいかもしれない。

通勤手当は月10万円以下なら非課税

通勤手当は数ある手当の中で、例外的に給与に含まれない手当である。ただし、これも理論的には給与に含まれる。最高裁も「勤労者が勤労者たる地位にもとづいて使用者から受ける給付は、すべて…（略）…給与所得を構成する収入と解すべく、通勤定期券またはその購入代金の支給をもつて給与でないと解すべき根拠はない」と断言している（１９６２〈昭和

37〉年8月10日判決）。従業員がどこに住むかは個人の勝手なので、職場に来るまでの支出は従業員が給与から負担すべきものだということらしい。

しかし、こんな理由で給与に含めて課税されることになったら、おとなしい羊たちもさすがに怒り出すのではないだろうか。羊たちは何も好きこのんで、都心から遠く離れた土地に住んでいるわけではない。貧困な住宅・土地政策のために、遠くに住まわされているのである。そこで、所得税法では、通常の通勤手当を給与に含めないことにして、羊たちをまあまあとなだめているのである。もっとも、最高裁がいうように原則的には給与なので無限定に非課税にしているわけではない。

まず、交通機関又は有料道路を利用している人は、月10万円を限度に非課税となっている。新幹線の特急料金はここに含まれるがグリーン料金は含まれない。そりゃ、そうでしょうね。

次に、自転車や自動車などを使用している人はどうだろうか。距離数に応じて異なるが、片道45キロメートル以上である場合は、２万４５００円が限度額となっている。しかし、毎日往復で90キロ以上も走れば、ガソリン代はもっとかかるはずである。ちょっと少なくないだろうか？　会社から実際に使う分のガソリン代を支給されても、右記金額を超える部分は給与にされてしまう。所得税法では、いまだに「通勤のため自転車その他の交通用具を使用することを常例とする者」と規定し、自転車が中心なのである。自動車で通勤するのは贅沢《ぜいたく》だという見解が透けて見えるようだ。

ともあれ、通勤手当は、このように限度額までは非課税であるが、保険料を計算するときには、なぜか、計算の基礎に含まれる。つまり、遠距離通勤者の場合、税金は高くならないが、保険料はなぜか高くなってしまうのである。このことは、社会保険についての説明のところで（80ページ）再度触れよう。

なお、社長が毎日ハイヤーで通勤している場合には、その費用と電車を使った場合の通常の定期代との差額が給与とみなされる。そのぐらい当然でしょう。

他方で、派遣労働の人はここでも差別を受けている。通勤手当が支給されないことに加えて、給与から実質的に通勤費として使った部分を控除できないのである。前述のように正社員だと10万円まで非課税なのに、派遣だと１円から課税されるというわけだ。このことの不合理性について派遣労働の人が救済を申し立てたが、国税不服審判所（税金専門の不服申立審理機関。裁判所に行く前にここで争っておかねばならない。２００３〈平成15〉年10月24日裁決）は次のような理由で認めなかった。

「非課税所得となる通勤手当は、通常の給与に加算して受ける通勤手当でなければならず、派遣元の企業が給与以外に別途支給していない場合には、通勤費相当額を負担していたとしても非課税所得に該当しない。」

つまり、非課税とされる通勤手当は「通常の給与に加算して受ける通勤手当」と法律に書かれているので（所得税法９条１項５号）、実質的に通勤のために使ったかどうかではなく、給与にプラスして支給されているかどうかが重要だ、というわけである。

これでは、派遣労働者は踏んだり蹴ったりである。派遣会社も給与や報酬支払いに際しては少し工夫できないものだろうか？　また、通勤費は職場に行くために使うもので、自分の所得とは言い難いのが現実である。実質通勤に使う分は課税されないように法律を改めてはどうだろうか。

出張の旅費は非課税

出張の際の旅費や転勤の際の転居費を会社から支給される場合、その出張や転勤が職務上必要なときは給与に含まれない。もちろん旅費の名目で余分に不必要な額を支給しているとき（たとえば、出張の際に実家に泊まっているのに宿泊代が入っているような場合）は給与になる。

なぜ旅費や転居費が給与に含まれないかというと、これらの手当が実費弁償（実際に社員が会社の代わりに自己負担した分の支払い）にすぎないからである。しかし、個々の出張や転勤ごとに実際にかかった費用と対比するわけではなく、「その旅行に通常必要とされる費用の支出に充《あ》てられると認められる範囲内」であれば問題ない。

問題は出張の際の「日当」である。日当は、旅費そのものではなく、出張に伴う食事代その他の雑費に充てるためのものである。だから、適正な金額であれば、税務署も文句はいわない。ちゃんと非課税扱いにしてくれる。そういえば、国家公務員も出張には最低１７００円の日当がついている。

ただ、これらの手当も、年額又は月額として支給されるのであれば、原則として給与に含まれる。実際には何に使うのかがわからないからだ。その意味で、個別に支給された方がよさそうだ。

では、単身赴任者が本社で行われる会議等に合わせて帰宅する際に、帰宅旅費手当が支給される場合はどうなのだろう。主として職務遂行上の理由から帰宅するのであれば、その手当は給与に含まれないとされている。しかし、これが逆転し、帰宅のために形式的に会議を設けているような場合には、その際に支給される帰宅旅費手当に課税されることはまちがいない。

非課税にならなかった大阪市職員の〝制服〟

制服を着用しなければならない仕事で、従業員が会社から制服を支給される場合はどうか。この制服を日常生活で私的に利用することはできないから、経済的利益を受けたとはいえないであろう。だから、所得税法は職務上必要な給付に含めずに非課税としている（所得税法施行令21）。

これを利用したヤミ給与事件は記憶に新しい。

２００４（平成16）年に大阪市職員の制服が問題になった。これは、大阪市が職員約２万３０００人にイージーオーダーで１着３万円のスーツを制服として支給し、２００３年度にその代金、計３億４５００万円を計上していた一件である。

この制服は、胸に「Ｏｓａｋａ　Ｃｉｔｙ」の刺《し》繍《しゅう》を入れていたことから、「給与所得を有する者でその職務の性質上制服を着用すべき者がその使用者から支給される制服その他の身回品」に該当するとして非課税とされてきた。課税の実務では、非課税になるかどうかを次のような基準で区別している。その制服が、①専《もっぱ》ら勤務する場所において通常の職務を行う上で着用するもので、私用には着用しないあるいは着用できないものであること、②事務服等の支給又は貸与が、その職場に属する者の全員又は一定の仕事に従事する者の全員を対象として行われるものであること、というものであり、これに該当する場合は非課税になる。要するに、デートになんか着ていけないような制服だと考えておけばいい。

大阪市は、この制服がそれに該当するとしてきたのだが、実はこの制服、刺繍部分をポケットの内側に隠せばふつうのスーツと変わらないものであった。そうすると「職場のみで着用する」という非課税の条件を満たしていないことになる。そのため大阪国税局が調査をし、問題発覚となったのである。

外交官の８００万円の在外手当も非課税

海外で勤務する際に通常の給与に加算して支給される在外手当の場合、国内勤務に比べて利益を受けるといわれない程度の加算なら、その上乗せ分は給与に含まれず課税されない（所得税法施行令22条）。これは、物価水準等を考慮した措置だと考えればいい。それに加えて、海外で生活することのストレスなども考えれば、多少の加算は当然だといわねばならないだろう。

でも、一般のサラリーマンがこの恩恵に浴することはない。なぜなら、１年以上海外勤務をすると日本の所得税法では「非居住者」となり、そうなると、海外勤務の際の給与は外国で課税され、日本では課税されないからだ。だから、この恩恵に浴するのは、海外勤務していても、日本で給与が支払われると日本で課税されてしまう会社の役員や日本に住所があるものとみなされる公務員ということになる。

特に外交官の場合は、かなり高額な手当を非課税で得ているようである。２００５年度の時点で、世界１８９カ所の在外公館で働く約３２００人の外務公務員への在外手当は総額約２５７億円で、１人当たり、単純計算すると年間約８００万円にも上る。どうみても物価水準等を考慮した調整額とはいえないが、非課税のまま放置されているのが現状のようだ。

１回５０００円までなら交際費にならない

会社から支給される交際費で、精算を必要とするものは、業務のための支出なので、給与にはならない。しかし、いわゆる「渡しきり」の交際費、つまり領収書などの不要なものだと給与になる。そりゃ、そうだ。何に使うかわからないもの。課税されたくなければ一つひとつ明細をつけて精算する必要があるが、こういう書類書きのために時間をつぶすより、課税されても渡しきりの方がいいかもしれない。

交際費については、会社の冗費抑制をうたい文句に法人税の計算上は損金にならない（つまり経費として引くことはできない）ように規制されている。取引先が限定されている中小企業にとっては広告宣伝費とその実態はあまり変わりないので、困ったものである。もっとも、１回の金額が５０００円までなら、現在のところ交際費にはならず、損金に計上することが可能である。

企業の交際費の実態をみてみると、２００５（平成17）年から再び増え始めている。２００６（平成18）年度の資本金階級別支出額（資料１－２）は、見事に企業規模に比例し、売上との関係をみると、小企業の方が、比重が高くなっている。中小企業にとって、交際費は広告宣伝費なのだ、ということが確認できるような気がする。業種別（資料１－３）では、建設業がぬきんでて高くなっているが、これは談合のイメージと重なってしまう。

見舞金は非課税

従業員の家族に不幸があった場合の葬祭料や香典、災害などがあった場合の見舞金等は、

〈資料1-2〉 資本金階級別にみた交際費等支出額

区分	支出額(A)	損金不算入額(B)	損金不算入割合(B)／(A)	1社当たり	営業収入10万円当たり
(資本金階級別)	(億円)	(億円)	(%)	(千円)	(円)
1,000万円未満	7,915	1,142	14.4	546	645
1,000万円以上 5,000万円未満	13,406	3,476	25.9	1,288	362
5,000万円以上 1億円未満	3,695	2,662	72.0	6,351	277
1億円以上 10億円未満	2,994	2,857	95.4	9,447	142
10億円以上	8,304	8,304	100.0	121,629	118
合計	36,314	18,440	50.8	1,404	235

〈資料1-3〉 業種別にみた交際費等支出額

区分	営業収入金額	交際費等支出額	1社当たり	営業収入10万円当たり
(業種別)	(億円)	(億円)	(千円)	(円)
農林水産業	40,904	120	559	295
鉱業	49,781	87	2,113	176
建設業	1,190,215	5,785	1,354	486
繊維工業	47,696	134	951	281
化学工業	686,514	2,192	5,656	319
鉄鋼金属工業	410,989	1,044	1,738	254
機械工業	1,408,381	1,993	2,219	142
食料品製造業	424,534	764	1,728	180
出版印刷業	195,855	806	1,991	412
その他の製造業	450,558	1,156	1,193	257
卸売業	3,191,851	6,232	2,265	195
小売業	1,428,902	2,555	699	179
料理飲食旅館業	212,791	694	586	326
金融保険業	593,054	926	2,246	156
不動産業	595,281	1,591	612	267
運輸通信公益事業	907,039	1,777	2,095	196
サービス業	1,647,241	5,931	1,061	360
その他の法人	354,730	997	2,230	281
小計	13,836,316	34,784	1,345	251
連結法人	1,591,679	1,530	259,244	96
合計	15,427,995	36,314	1,404	235

出所）「会社標本調査結果（税務統計から見た法人企業の実態）平成18年」国税庁HPより

社会通念上相当と認められる金額であれば、給与には含まれない。しかし、見舞金などの名目さえついていれば何でも非課税というわけではない。たとえば、役員だけに入院費全額を、しかも個室の分まで含めて見舞金として支給したら、これは役員に対する給与と考えた方がいい（２００４〈平成16〉年１月21日裁決）。

会社在職中に知り得たすべてのことを漏らさないということを条件に見舞金を受けた場合は課税されることになる。これは、「不作為の役務提供の対価」として受けているからである（２００４年６月30日裁決）。この場合は給与でもないので、雑所得という所得になるといえよう。

報償金のいろいろ

青色発光ダイオード訴訟をおぼえているだろうか。元日亜化学工業社員の中村修二氏（現カリフォルニア大学サンタバーバラ校教授）が、同社在籍時に自らが開発した青色発光ダイオードについて、正当な対価を求めて日亜化学工業を訴えた一件である。

一審では、裁判所が日亜化学工業に対して２００億円を支払うよう命じたことが、社内研究者に大きな希望を与えた。この訴訟は、結局、８億４０００万円で両者が和解したが、それでもすごい金額である。この件を契機に、会社も社員の研究開発に待遇面で報いるようになったが、会社が従業員に発明報奨金などを支払った場合、これは課税されるのだろうか？

結論をいうと、会社からの報償なので当然課税される。ただし、給与としてではなく、その形態に応じて、次のようにいろいろな所得に分かれて課税されるのである。

①特許権、実用新案権、意匠権等を会社に譲渡する場合、一時に受けるものは譲渡所得、譲渡後に支給されるものや、会社との間で特許発明を実施することのできる権利（通常実施権又は専用実施権など）を設定したことにより支給されるものについては、雑所得として課税される。給与所得と譲渡所得や雑所得などとの違いはいろいろあり、どちらが有利かは一概にはいえない。

②事務や作業の合理化、製品の品質改善や経費の節約等に寄与する工夫、考案等をした従業員に対して支給するものについては、その工夫、考案等がその人の通常の職務の範囲内の行為である場合には給与所得、その他の場合には一時所得、継続的に支給する場合には雑所得となる。

③災害等による損害の防止などに功績のあった従業員に対して、一時に支給するものにつ

いては、職務の範囲内の行為である場合には給与所得、その他の場合には一時所得となる。
④社会的に顕彰されることで会社に貢献した従業員に対して一時に支給するものについては、一時所得となる。

要するに、「会社に貢献したあなたはえらい」ということで非課税になるわけではないのである。

記念品が現金なら課税

会社の創業記念品や永年勤続を表彰して贈られる記念品などは、税金の観点からすれば、どういう扱いになるのだろうか。せっかくのお祝いなのだから、税金を取るなどという野暮なことは止《や》めてほしいものであるが、いやいや現実は厳しい。まず、記念品に代えて現金を支給したら給与に含まれる。

では、品物や旅行券などにすれば非課税なのかというと、その場合も無条件ではない。

創業記念品の場合は、

①支給するものが社会一般的にみて記念品としてふさわしいものであること。
②それを処分するとした場合の見込価額が1万円（税抜）以下であること。
③一定期間ごとに行う行事で支給をするものは、おおむね5年以上の間隔で支給するものであること。

これら3つの要件をすべて満たしていなければならない。
永年勤続者に対する記念品等も同様に、

①その人の勤続年数や地位などに照らして、世間一般で行われている金額以内であること。
②勤続年数がおおむね10年以上である人を対象としていること。
③同じ人を2回以上表彰する場合には、前に表彰したときからおおむね5年以上の間隔が空いていること。

これら3つの要件をすべて満たしていなければならないのである。

永年勤続者に支給する場合は1万円以下という基準が適用されないので、各社とも大いに気張って良いものを出してほしいものである。そうして、それが「世間一般」の常識になれば、非課税枠は今よりも広がるだろう。

会社が学費を出してくれたら

職務上の必要から学校などへ通う場合、学費などを会社が負担した場合はどうなるのだろう。職務上の必要から支出されるので、非課税は当然のように思うが、「適正な額」であることと、仕事に「直接必要」なことが条件とされている。

①会社などの仕事に直接必要な技術や知識を習得させるための費用であること。
②会社などの仕事に直接必要な免許や資格を取得させるための研修会や講習会などの出席費用であること。
③会社などの仕事に直接必要な分野の講義を大学などで受けさせるための費用であること。

これら以外に、いわゆる学資金の場合、従業員本人が通学する高校までは非課税とされているが、大学、高等専門学校、専修学校及び各種学校で、①～③に該当しないものは給与に含まれるのが原則である。

行きたくない社員旅行に参加したのに……

会社が主催する従業員のレクリエーション旅行や研修旅行の場合、費用の一部を会社が負担することは多い。レクリエーションといっても、会社が主催するものである以上、本当の息抜きなどできないのだが、税金の観点では、こうした費用の補塡も原則として給与に含まれる。ただ、社会通念上、一般的に認められる程度のものは課税しないように税務署は配慮してきた。その基準というのは、

①旅行の期間が４泊５日以内であること。海外旅行の場合には、外国での滞在日数が４泊５日以内であること。
②旅行に参加した人数が全体の半数以上であること。工場や支店ごとに行う旅行は、それぞれの職場の半数以上が参加することが必要である。

税務署が認める具体例は、たとえば次のようなものである。

イ　旅行期間　３泊４日

ロ　費用及び負担状況　旅行費用15万円（内使用者負担７万円）

ハ　参加割合　１００％

　このような旅行でも、参加者が少なく、５割を切るようだと、参加者の負担した７万円が参加者の給与とみなされることになる。気乗りのしない旅行に参加した上に税金まで取られるのだから、参加者にとっては悲劇である。

　それならということで、会社が従業員に配慮して、旅行の行き先も日にちも従業員の裁量にまかせてしまうと、その際の費用の補塡もやはり給与に含まれるのである。

　なお、①役員だけが参加する旅行、②実質的な私的旅行、③金銭との選択が可能な旅行、等は給与に含まれるので非課税にはならない。研修旅行は仕事上どうしても必要であれば問題ないが、それほど必要性がないと判断されると給与に含まれるおそれがある。

　税務署は右記の、①４泊５日以内、②半数以上の参加、という基準にしたがって形式的に判断しがちであるが、こうした会社の支出が、社員の給与といえるかどうかは、その実態によって判断すべきものである。

ところで、このレクリエーション旅行・研修旅行について、現在では海外旅行も税務署によって認められているが、かつては国内旅行しか認められていなかった。

海外での社員旅行

１９８１（昭和56）年12月、Ａ社の従業員１７１人が２泊３日で香港《ホンコン》へ旅行した。その際、１人当たりの費用７万７５００円のうち２万円分を会社が負担したところ、税務署が、これを従業員に対する給与の支払いであるとして、Ａ社に対し、従業員の源泉徴収を命じたのである。

当時、観光目的で海外に渡航する人の総数は約３３３万９０００人で、総人口（約１億１７００万人）に占める割合は約２・85％にすぎなかった。そんな状況の中で、税務署はＡ社の社員旅行が一般的ではないと主張したのである。

これに対しＡ社は、次のような主張をした。旅行の日程は２泊３日であり、行先は比較的近距離の香港である。しかも１人当たりの費用額は７万７５００円にとどまり、このうちの

２万円を会社が負担したにすぎないので、慰安旅行としては社会通念上一般に行われているものである。

裁判所（大阪高裁１９８８〈昭和63〉年３月31日判決）は、会社の負担額は２万円にすぎないこと、この額は当時、企業の慰安旅行として一般に行われていた１泊２日の旅行費用と同じ程度であること、自己負担金もあるのに従業員の約４割もが参加したこと、しかも近いとはいえ外国であるから、国内の旅行に比してレクリエーション、慰安としての効果も大きく、労働者の勤労意欲を高めるのにも有効であったこと、などを認めた。その上で、海外旅行については、すでに大衆化してきており、その費用も国内旅行より低廉な場合もある（たとえば、北九州の門司から韓国の釜山《プサン》への旅行）ことも指摘して会社の主張を認めた。

これがきっかけで、右記のように海外旅行も認められるようになったのである。

軽い業務上過失と重大な業務上過失

そのほかにも、会社から受ける経済的利益があれば原則として給与になる。

たとえば、

①商品、製品等を社員が値引き販売してもらえる場合（いわゆる社員割引だが、販売価格の7割以上などのものは除かれる）
②住宅資金や教育資金など金銭の低利貸付
③保険料の負担（会社が受取人である場合は課税されない。でも、なんか怖い）

などがある。また、④従業員が業務上の過失を犯した場合、通常の過失なら会社が損害賠償金を負担しても課税されないが、少し注意を払えば防げたような重大な過失の場合に会社が負担した損害賠償金は、その事故をおこした従業員の給与に含まれて課税される。

このように給与として課税されないためにはあれこれ細かい基準があり、それをクリアするように工夫しながら会社は羊たちに支給しているのである。そのおかげで羊たちは考えないですんできたのである。

人生いろいろ、会社もいろいろ、社員もいろいろ

羊たちは額に汗して働かなければ給与などもらえない。でも、世の中には働かなくても「給与」をもらえる人たちもいる。

２００４（平成16）年に、当時の小泉純一郎首相の「人生いろいろ、会社もいろいろ」発

言が問題になった。

小泉元首相は衆院選に初当選した約2年後まで、横浜市の不動産会社に社員として在籍していた。当時、小泉元首相は、その社長から「会社になんか来なくてもいい」といわれて、勤務実態もないのに給料を受け取っていた。当時の民主党・岡田克也代表は、厚生年金の支給に絡んで、その件を国会の場で糾弾したところ、小泉元首相は、「30年以上前はそういう太っ腹な、見返りを期待しない、いい社長がたくさんいた」といったうえで、「人生いろいろ、会社もいろいろ、社員もいろいろだ」と開き直ったのである。

小泉元首相は、この社長のことを「太っ腹」で「見返りを期待しない」といっているが、果たしてほんとうにそうだろうか？　この社長の行為を税金面で考えてみたい。

勤務実態のない人に給与を支給したことにして、会社の経費＝損金扱いにし、法人税を安くすることはしばしばある。しかし、この行為は経費の架空計上になるから立派な脱税である。

ただ、〝太っ腹社長〟は会社に来ない小泉氏に対して、実際に給与としていくらかお金を支給していたという。そうすると、その金額の法的性格が問題になる。勤務実態がない以上、給与として支出したというのは難しい。むしろ、政治家小泉純一郎に対する政治献金的な色彩が強かったようだ。だとすると、この不動産会社が支出していたのは寄付金あるいは交際費ということになる。交際費は給与のように損金として控除できないし、寄付金は資本金の0・25％と所得の２・５％の平均値程度までしか損金として控除できない。したがって、社長が控除のできない交際費や寄付金の代わりに、給与として支出していたのだとすると、相当問題だということになる。

ここで、なぜ勤務しない小泉氏に太っ腹社長が会社の金を〝寄付〟したのか、ということも考えなくてはいけなくなる。会社のために必要と判断した寄付ならまだしも、小泉氏と社長の個人的関係から寄付しようと考え、それを会社の金で給与として支出したのだとすると、小泉氏の給与分相当額を社長個人が給与として受け取ったことになり、それを個人的に贈与したことになる。

このように税金面からみると、太っ腹社長のイメージはかなり変わる。むろん30年以上も前のことであるから、法制度も現在とは違うし、具体的な事実関係も正確にはわからない。また、税務署は不正があったとしても、７年前までしか遡《さかのぼ》って課税できないので、この件はとっくに〝時効〟になっている。勤務実態もないのに給与をもらい、自分の子どもを議員に世襲させようという人が、声高《こわだか》に「構造改革」を叫んでいたのだから、まさにブラックジヨークとしかいいようがない。

過年度分一括支給

めったにあることではないが、本来払われるべきだった給与が、遅れて一括で支給されることがある。たとえば、会社が従業員に対してサービス残業を強制したことが発覚し、労働基準監督署から実労働時間に即した割増賃金を支払うよう行政指導を受けたとしよう。その結果、過去3年間の実労働時間に基づく残業手当が支払われることになったのだが、この一括支給額も、今年の給与に含まれるのだろうか。

　このような場合は、本来2年前・昨年・今年に支払うべき残業手当が払われていなかっただけであるから、2年前の分・昨年の分・今年の分とそれぞれ別個に給与を計算し直すのである。そのため、会社が源泉徴収税額の再計算を行う必要があることになる。5年前より以前の分が支給された場合は、税務署の課税権限がなくなるので、課税されないことになる。

　もっとも、会社で給与規程等の改訂があり、それが過去に遡って適用されたような場合は、その差額について支給日が定められているときはその支給日、支給日が定められていないときはその改訂の効力が生じた日の給与になる。だから、どういう理由で一括支給されるのかによって、負担する税額なども変わってくるのである。

過年度分一括減額

反対に、従業員が得ていた手当を返還させられることもある。たとえば、子どもが扶養手当の支給基準に該当しないことが判明して、過去３年分の扶養手当を返還させられる場合、今年の給与が減ったことになるのか、それとも過年３年間の給与が減ったことになるのだろうか？

実務では、扶養手当を返還した過去３年間のそれぞれの年分の所得が減少したこととなり、源泉徴収税額の再計算が必要だとされている。会社からの給与以外にない人は、会社が再計算して調整をしてくれるからあまり心配しなくていいだろう。他の所得もあって確定申告をしていた場合には、更正の請求などのやっかいな手続きが必要となるので、税務署に相談してみた方がいいかもしれない。

（2）給与から引かれているもの

給与明細を見ると、税金以外にもいろいろなものが控除されている。手取りがその分減っているのだが、減らされていることは税金にはどう反映するのだろうか。減った分だけ給与の収入も減ったことになるのだろうか、それとも関係ないのだろうか。次に具体的にみてみよう。

年金は非課税枠が大きい

健康保険や年金などの社会保険料は将来の医療費に備えたり、年金として返ってきたりするはずのものだから、自分の収入から出したものだと考えるものではないだろうか。そうだとすると、理屈では、拠出した保険料も税金の計算では給与に含まれて課税される、ということになる。

しかし、最初から天引きされているので自分のものとは実感できないし、その分に課税されるのも痛い。それでは給与から拠出された保険料が運用された結果、利子などが発生した時点で課税すればいいのだろうか。しかし、利子が発生したとしても、その時点で自分の手元に来るわけではないので、税金を払えといわれても困る。では、給付されたときに課税されればいいか、というとそれもやはり困る。年金も多くはないし、他に所得がない場合が多いからである。結局、一切課税されない方がよいということになる。まあ、それはその通りだが、理論的にはどう考えた方がいいのだろうか。

　考え方としては、いったん私たちに給与として入ったものを保険料として拠出したので、給与として課税し、運用時も運用益に課税して、年金として給付されるときは税金はかからない、という方法（左の①）と、拠出時も運用時も課税しない代わりに年金として給付されたときに課税する（左の②）という方式がありうる。

	拠出時	運用時	給付時
①	課税	課税	非課税
②	非課税	非課税	課税

私たちが払っている社会保険は建前では②の方式になっている。だから、年金としてもらったときに課税されることになるが、後述のように、非課税枠が大きいので、実質的には課税されていないといえる。健康保険の場合も給付を受けても課税されない（健康保険法62条）。ありがたいではないか。しかし、保険・年金に対する課税制度が優しくても、肝心の年金制度が崩壊していては喜んでなんかいられない。

　生命保険会社が商品として売っている貯蓄型の個人年金というのは①の代表例だが、日本の各種の保険・年金制度は複雑で統一もされていないので、右記とは別に、条件によってさまざまな課税制度が適用される。ここでは、細かいことは省略しておこう。大事なことは、**私たちが給与から拠出している社会保険料の大部分は、毎月の源泉徴収の対象にはならず、年末調整でも所得から控除されているので、拠出時は非課税になっている**ということである。運用時の利息にも課税されていないので、将来年金として受給した場合だけが課税問題に直面することになる。

　このように受給したときにはじめて課税されるのは、社会保険料控除の対象となる保険であるが、その範囲はかなり広い。

①健康保険、雇用保険、国民年金、厚生年金保険及び船員保険の保険料で被保険者として負担するもの
②国民健康保険の保険料又は国民健康保険税
③介護保険法の規定による介護保険料
④国民年金基金の加入員として負担する掛金
⑤厚生年金基金の加入員として負担する掛金
⑥労働者災害補償保険の特別加入者の規定により負担する保険料
⑦国家公務員共済組合法、地方公務員等共済組合法、私立学校教職員共済法、恩給法等の規定による掛金、納付金又は納金
⑧地方公共団体の職員が条例の規定によって組織する互助会の行う職員の相互扶助に関する制度で、一定の要件を備えているものとして所轄税務署長の承認を受けた制度に基づきその職員が負担する掛金
⑨独立行政法人農業者年金基金法の規定により被保険者として負担する農業者年金の保険料
⑩国家公務員共済組合法等の一部を改正する法律の公庫等の復帰希望職員に関する経過措

置の規定による掛金

⑪健康保険法附則又は船員保険法附則の規定により被保険者が承認法人等に支払う負担金

⑫高齢者の医療の確保に関する法律の規定による保険料

⑬租税条約の規定により、当該租税条約の相手国の社会保障制度に対して支払われるもの

これらの保険料の特徴は、

①毎月の給与から税金が源泉徴収される場合に、保険料を給与に含めずに計算されている。

②12月に会社が行う年末調整の際にも所得から全額が控除されるように配慮されている。

という点である。各種の保険料の中でこの社会保険料が一番手厚く配慮されている、といえよう。

貯蓄型の保険料

その他の保険料はどうなるのだろうか？　大きく3つに分けることができそうである。

　まず、小規模企業共済契約に基づく掛金、確定拠出年金法に基づく個人型年金の加入者掛金、心身障害者扶養共済制度に基づく掛金、等は小規模企業共済等掛金控除の対象になる。毎月の源泉徴収においては給与に含まれてしまうが、年末調整では掛金全額が所得金額から控除される。社会保険に次いで配慮されている、ということになる。

　次に生命保険料控除等の対象となる保険料がある。一般の生命保険料、簡易生命保険契約、農業協同組合等と締結した生命共済契約、適格退職年金契約、個人年金保険料、等である。地震保険もここに含めよう。

　これらの保険料は、毎月の源泉徴収においては給与に含まれてしまうが、年末調整では全額ではないが、一定額が所得から控除される。まあ、少し配慮してくれている保険料、ということになる。

　それ以外の、貯蓄型の保険料などは、いくら払ってもそれはあなたが私的に払っているだけだから税金が軽くなるような配慮はない。

財形貯蓄の利息

毎月財形貯蓄をしている人はその分が給料から引かれているが、これはどうなるのだろう。この制度は勤労者財産形成促進法という法律に基づいて、勤労者（職業の種類を問わず、事業主に雇用されている者）に限って認められている貯蓄制度である。会社が天引きをして金融機関等に預け入れることなどが条件となっているが、私たちの給料の一部が天引きされて積み立てられていることはまちがいないので、私たちの給与に含まれることもまちがいない。

税金との関係でいうと、財形貯蓄のうち、「財形年金貯蓄制度」と「財形住宅貯蓄制度」を積み立てていると、２つの元利合計で５５０万円まで利子が非課税となるという特典があるというだけである。非課税はありがたいが、低金利政策のおかげで、優遇されるような利子もなかったのではないか？

組合費に税の優遇はなし

組合費も給与から天引きされているが、税金ではどういう扱いなのだろうか？　組合費はサラリーマンの必要経費みたいなものだから、控除されてもよさそうである。しかし、所得税では控除することはできず、組合費を含めた給与額が課税の対象になっている。後述の「特定支出控除」制度（１０８ページ参照）が導入されるときに、当初案では組合費も含まれていたが、さすがに与党自民党、これだと組合員が増えてしまうおそれがあることを察知し、早速排除してしまった。

組合費は、最近では、税の優遇どころか、天引き徴収すら問題視され、それを廃止する会社も出始めている。組合の組織率も低下しつつあり、労働環境の悪化の中で、羊たちは一緒に群れて相談することさえ、難しくなっているのである。

勤怠控除

給与明細に、欠勤や遅刻に伴うペナルティである勤怠控除のようなものが記載されていることがある。これは本来受け取れる給与から差っ引かれるものであるから、その分給与が減ったのと同じことである。だから、当然給与には含まれない。

理屈では、前月の勤務態度の結果が今月の勤怠控除になることがあるので、前月の給与を調整するということも考えられるが、そんな面倒なことをやる必要はないだろう。今月の給与から引いて、その分給与収入が減ると考えていいだろう。もちろん、こんな控除はないようにする方がいい。勤怠控除の結果1万円収入が減れば、税金もその分安くなるが、せいぜい500円か、1000円程度だからである。えっ、収入が1万円減ったら、税金が2万円安くなるような制度がないか？　そんなの世界中どこにもない。

(3)「税金の取られすぎ」を確かめる

基本給や手当が正しく支給されているかどうかは、会社の給与規程などですぐに確かめられるであろう。問題は税金や保険料である。給与から天引きされた税額が正しいのかどうかはどうすればわかるのだろう？　万一、正しくなかったらどうなるのかも考えてみよう。

源泉徴収額の確認

所得税の源泉徴収額が正しく徴収されているかどうか、確かめてみよう。会社でも意外とミスがあるかもしれないし、故意に多めに徴収している場合もあり得る。筆者も最初の就職先ではじめての給与の源泉徴収額を確かめてみたら、なんと多く徴収されているではないか。早速、会計の責任者のところへ抗議にいった。すると、この責任者はこういうのである。

「いや〜、先生、気づかれましたか。いえね、うちの大学は基本給以外にいろいろな手当を臨時に出したりするでしょ。そこで、源泉徴収額を法律通りに徴収していたら、12月の年末調整のときにまとめて天引き徴収するので、12月の手取額が減っちゃいまして、いろいろ苦情が絶えなかったわけです。そこで、私は考えた。それなら毎月多く取っておけば、12月は多かった分だけ戻せるではないか、というわけです。こうしたら、いや〜、先生方から12月に感謝されるんですよ」

思わず絶句。12月に喜ぶ羊たちの顔が目に浮かぶが、本当に喜んでいてよいのだろうか？

さて、羊たちの源泉徴収額の正誤を確かめる方法は簡単である。まず、給与明細に「課税対象額」という欄があれば、その金額が基礎になる。そのような欄がない場合は、〈基本給＋手当（通勤手当のみを除く）－勤怠控除－社会保険料〉の金額を計算してみよう。仮にその金額が30万円だったとしよう。次に、自分が扶養している家族の数が問題となる。配偶者控除や扶養控除等の対象になる子どもたちの数である（一定金額までしか得ていない人たちが対象になるが、具体的には第3章を参照）。仮にあなたが男性サラリーマンで、専業主婦の妻と小学生２人の子どもがいるとすると、扶養家族が３人であるから、資料１－４の一番左の欄の29万９０００円〜30万２０００円のラインの３人のところをみる。

そうすると、３４４０円が徴収される額ということになる。もし、独身だったら８２５０円である。このような月額表はインターネットでも公開されているので、簡単に確認できる。ＵＲＬを示しておこう。

http://www.nta.go.jp/shiraberu/ippanjoho/pamph/gensen/zeigakuhyo2006/data/01.pdf

徴収額がまちがっていたら

もし、その月の源泉徴収額がまちがっていたら、どうしたらいいのだろう？　まず、会社の経理に確かめてみよう。故意にやっているのでない限り、調整してくれるはずである。会社は翌月の源泉徴収手続の中で、多く取りすぎた分を相殺して差額分だけを国に納付することになろう。会社が調整は困るといっても、月々の

（290,000円～349,999円）

数		乙
6　人	7　人	
額		税　額
円	円	
0	0	49,500
0	0	50,500
0	0	51,200
0	0	51,800
0	0	52,400
0	0	53,100
0	0	53,700
0	0	54,300
0	0	54,900
0	0	55,600
0	0	56,500
0	0	57,300
0	0	58,100
0	0	59,000
0	0	59,800
130	0	60,700
250	0	61,600
370	0	62,500
490	0	63,400
610	0	64,400

出所）国税庁HPより

〈資料1-4〉　給与所得の源泉徴収月額表（平成19年1月以降分）

その月の社会保険料等控除後の給与等の金額		甲					
		扶養親族等の					
		0　人	1　人	2　人	3　人	4　人	5　人
以　上	未　満	税					
円	円	円	円	円	円	円	円
290,000	293,000	7,870	6,290	4,700	3,120	1,540	0
293,000	296,000	7,970	6,390	4,810	3,220	1,640	0
296,000	299,000	8,080	6,500	4,910	3,330	1,750	160
299,000	302,000	8,250	6,600	5,020	3,440	1,850	270
302,000	305,000	8,490	6,720	5,140	3,560	1,970	390
305,000	308,000	8,730	6,840	5,260	3,680	2,090	510
308,000	311,000	8,970	6,960	5,380	3,800	2,210	630
311,000	314,000	9,210	7,080	5,500	3,920	2,330	750
314,000	317,000	9,450	7,200	5,620	4,040	2,450	870
317,000	320,000	9,690	7,320	5,740	4,160	2,570	990
320,000	323,000	9,930	7,440	5,860	4,280	2,690	1,110
323,000	326,000	10,170	7,560	5,980	4,400	2,810	1,230
326,000	329,000	10,410	7,680	6,100	4,520	2,930	1,350
329,000	332,000	10,650	7,800	6,220	4,640	3,050	1,470
332,000	335,000	10,890	7,920	6,340	4,760	3,170	1,590
335,000	338,000	11,130	8,040	6,460	4,880	3,290	1,710
338,000	341,000	11,370	8,200	6,580	5,000	3,410	1,830
341,000	344,000	11,610	8,440	6,700	5,120	3,530	1,950
344,000	347,000	11,850	8,680	6,820	5,240	3,650	2,070
347,000	350,000	12,090	8,920	6,940	5,360	3,770	2,190

源泉徴収額の誤りなら、年末調整で結局精算されるから、それまでの辛抱とあきらめて、目くじらを立てる必要もないかもしれない。

しかし、本来払うべき額よりも会社が多く天引き徴収したことに我慢のならない潔癖症の人は、どうしたらいいのだろう？　会社がその月の源泉徴収を戻してくれないなら、徴収した税務署・国を相手に訴えれば返してくれるのだろうか？

残念ながら、それはできないのである。源泉徴収義務というのは会社独自の義務であり、社員の税金を社員に代わって前払いしているわけではない。だから、会社がまちがって納付したら、その会社しか国に請求できない、というシステムなのである。それでは、羊は何ができるかというと、税務署・国を訴える代わりに、会社を訴えて過大徴収された分を取り戻すことである。しかし、わずかな源泉徴収額を返せと会社を訴える羊さんの将来はどうなるのだろう。リストラの対象にされてしまうかもしれない。だから羊たちは毎月の源泉徴収税額に関心を持たない方がいいよ、というシステムなのかもしれない。

源泉徴収制度は、日本だけかというとそんなことはない。諸外国でも古くから採用している（資料1－5）。

ただ、給与に対する日本の源泉徴収制度は、年末調整と密接に関係していて、しかも精緻な制度になっている。たとえば給与の支払い等に関して、会社が社員の家族構成なども把握して、個々の羊ごとにその年分の最終的な税額を計算するが、世界の大半の国々の源泉徴収はもっと単純なものである。源泉徴収義務者である会社は、単純に概算で源泉徴収した税額を納付するだけで、個々の最終的な税額計算は、各自が申告などで精算する。

このような精緻な制度のために会社の負担が重くなるが、その費用を国が補塡しているわけでもない。そこにある会社が疑問を持った。

〈資料1-5〉　主要国の給与に係る源泉徴収制度の概要（未定稿）

（2008年1月現在）

	日　本	アメリカ	イギリス	ドイツ	フランス
源泉徴収の有無	あり	あり	あり	あり	なし
年末調整等	あり(注) （原則としてその年の最後に給与等の支払をする時）	なし 源泉徴収を受ける納税義務者も確定申告を行う。	あり 支払者は、給与の支払の都度、累計所得税について税額を計算して過不足を調整する。	あり （翌年３月まで）	
源泉徴収義務者の納付の時期	給与を支払った月の翌月10日（一定の要件に該当する場合には、納期の特例等の特例措置あり）	四半期毎	各課税月（毎月５日までの１ヶ月間）終了後14日以内または選択により四半期毎	課税期間終了後10日以内 ※課税期間： 前暦年納税額が、 800ユーロ以下…暦年 800ユーロ～3,000ユーロ…四半期 3,000ユーロ超…暦月	

（注）日本の年末調整は、年間の給与収入2,000万円以下の者について行われる。

出所）財務省HPより

源泉徴収を拒否した会社

1950（昭和25）年、東京・銀座でレストランを経営する会社が、従業員の源泉徴収を拒否したことで訴えられた。この会社の社長は、1950年11月分より翌51（昭和26）年10月分まで合計12回にわたり、従業員たちに支払った給与から所定の所得税を徴収せず、税額合計金464万円を納付しなかったのである。

社長側の主張によれば、源泉徴収をするためにかなりの費用がかかり、概算すると次のとおりになるという。

１　人件費　見積　36万円

内訳　税額計算上必要な労力２人分（専従者のほか協力者の労働力を加算）×俸給１人当たり１万５０００円×12カ月分

２　物件費　見積　４万５０００円

内訳　所要用紙２０００枚１枚当たり10円　２万円

筆墨代、インク、ペン、鉛筆、カーボン紙その他　１万円

通信連絡費　５０００円

旅費　５０００円

雑費　５０００円

以上、合計見積金　40万５０００円

こうした負担を一方的に強制し、何らの費用補償もないのは、財産権を保障している憲法29条などに違反する、というのが会社側の主張であった。

しかし、裁判所はこの主張を認めず、会社に各12回の行為につき３万円ずつの罰金、社長に懲役６カ月、２年間の執行猶予を言い渡した。

だが、源泉徴収義務を会社に課するのは不合理とまではいえないとしても、費用負担を全く補償しない制度が許されるかは疑問がある。１９４７（昭和22）年までは１人につき50銭の補償があったことなども考慮すると、現行の源泉徴収制度は会社にとって大変な負担なのである。

源泉徴収制度の問題は、結局、年末調整及び確定申告の問題につながるので、そのところで（第４章）、もう少し理論的な説明をしよう。

ここではまず、月々の源泉徴収額の正否を羊たちも確かめることができるので、一度確かめてほしい、とだけいっておこう。

賞与の源泉徴収

賞与（ボーナス）の源泉徴収は、毎月の給与のものとは少し異なる。**賞与が支給される前月の給与額から社会保険料を控除した金額を基準に、賞与額から社会保険料を控除した金額に適用する税率を決めるからである。**資料１-６を例にすると、次のようになる。

給与の場合と同様に、〈基本給＋手当（通勤手当のみを除く）－勤怠控除－社会保険料〉の金額が30万円で、扶養親族の数が３人の場合、賞与70万円、社会保険料10万円だったと仮

〈資料1-6〉　賞与に対する源泉徴収税額の算出率の表（平成19年1月以降分）

賞与の金額に乗ずべき率	甲							
	扶養親族等の数							
	0人		1人		2人		3人	
	前月の社会保険料等控除							
	以上	未満	以上	未満	以上	未満	以上	未満
%	千円	千円	千円	千円	千円	千円	千円	千円
0	68千円未満		94千円未満		133千円未満		171千円未満	
2	68	79	94	243	133	269	171	295
4	79	252	243	282	269	312	295	345
6	252	300	282	338	312	369	345	398
8	300	334	338	365	369	393	398	417
10	334	363	365	394	393	420	417	445
12	363	395	394	422	420	450	445	477
14	395	426	422	455	450	484	477	513
16	426	550	455	550	484	550	513	557
18	550	668	550	689	550	710	557	730
20	668	714	689	738	710	762	730	786
22	714	750	738	775	762	801	786	826
24	750	791	775	817	801	844	826	872
26	791	847	817	876	844	905	872	934
28	847	917	876	949	905	980	934	1,012
30	917	1,280	949	1,304	980	1,328	1,012	1,352
32	1,280	1,482	1,304	1,510	1,328	1,538	1,352	1,566
35	1,482	1,761	1,510	1,794	1,538	1,828	1,566	1,861
38	1,761千円以上		1,794千円以上		1,828千円以上		1,861千円以上	

出所）国税庁HPより

定すると、表の税率が4％となる。だから、賞与額60万円（70－10）×4％で、2万4000円となる。

「住民税の安いところと高いところがある」は誤解

給与明細を見ると、所得税と共に住民税も天引きされている。住民税の徴収額の方が大きい場合が少なくない。住民税の税率は一律に都道府県民税4％、市区町村民税6％の合計10％であるのに、所得税の方は5～40％なので、通常は所得税の方が高いはずである。にもかかわらず、住民税の方が高いのは、どうしてか？　答えは簡単、住民税は賞与からは徴収されていないからである。賞与の徴収額も含めて計算してみると、なんだやっぱり所得税の方が多く徴収されている、という場合の方が多いはずである。

住民税に対するもう一つの誤解が、自治体によって住民税の安いところと高いところがある、というものである。制度上は、若干高くして課税することも可能だが、現在のところ、一部の県（たとえば神奈川県など）で若干高めに徴収しているだけで、大部分の自治体は同じ税率である。

住民税は、その年の所得ではなくて、前年度の所得について課税される。自治体から会社を通じて「特別徴収税額通知書」が５月の給与明細の中に入れられているが、通知されたこの税額が６月から翌年５月まで、毎月の給与から天引きして徴収されるのである。これを特別徴収という。普通徴収というのもあるが、これは自治体から税額決定の通知を受けた住民が自分で自治体に納付するものである。

なお、通知書に示された課税される所得金額などが、所得税の所得金額と微妙に異なっているが、これはいろいろな控除額が、国税である所得税とは異なっているためである。住民税の場合は、基本的に、所得税より控除額が少ない。地域住民として、自治体からさまざまな便益を享受しているので、所得税の納税義務がない場合でも、住民税は負担すべきだと考えられているからである。

ところで、前年の所得に課税するとなると、たしかに前年はそれなりの所得があったが、今年は激減したような場合はどうなるのだろう。多くの自治体の税条例にはその年に所得が激減した人のための減免規定があるので、該当しそうな人は一度自治体に問い合わせてみるとよい。しかし、自治体は不親切で、まず「無理です」と答えることが多いようだ。本当に無理なのか、よく確かめてみた方がいい。

社会保険料の確認

給与から控除されている健康保険、介護保険、厚生年金保険の徴収額が正しいかどうかを調べるのは容易ではない。

保険料率が毎年のように引き上げられているし、業種によっても異なるので、ここでまず迷う。厚生年金保険の一般の被保険者の場合は、２００９（平成21）年８月までは、15・３５０％だということなので、これを事業主と折半することになる。まあ、ここまではよいとしよう。しかし、この保険料率を給与明細に記載されている給与額に掛けるのではない。

「標準報酬月額」に掛けるのである。この標準報酬月額というのは、４月から６月までの３カ月間の月給の平均額を１万円単位に修正した数字である。もうこれで、頭が痛くなる。しかも、保険料算定の基礎となる報酬は、所得税の給与よりもさらに広い。所得税では非課税とされた通勤手当や、４０００円以下の宿直料なども報酬に含まれて計算されるのである。遠距離通勤で疲れた羊たちには、高い保険料負担が待っていることになる。なんかおかしいぞ、保険料は。

このように社会保険料の金額の確認は、ふつうのサラリーマンには手間がかかるだけで、しかも正確にはわからない。それにしても、税金以上に不明瞭なのは問題である。税金は羊たちから強制的に取りあげ、公益目的に使うものであるが、保険料は羊たちからの預り金で、将来保険や年金を通じて羊たちに返還すべきものである。だから、税金以上にわかりやすくし、羊たちも監視できるようにしなければならない。ところが、将来返すものだから柔軟に徴収しますという口実で、不明確なまま徴収し、結局、将来も返せなくなり始めている。そもそも発想がまちがっているのである。年金崩壊の原因はこんなところにもありそうだ。

なお、４～６月の３カ月を基準にするのなら、この間だけ残業を減らした方がいいなどという節約策などがあれこれ紹介されている。

労働保険料の確認

雇用保険等の労働保険料も社会保険と同じなのだろうか？　労働保険料を計算する場合、一般のサラリーマンは、その月の総支給額に０・６％を掛ければよい。農林水産業等のいくつかの業種は０・７％だ。比較的簡単かもしれない。しかし、この場合も通勤手当が含まれるので、遠距離通勤者は保険料も高くなる。雇用保険は失業対策の保険なのだから、通勤手当を含む合理的理由はここにもない。

（４）日本人の給与

平均賃金と格差

以上が、サラリーマンの毎月の給与明細書の中身である。少しは見え始めただろうか。この明細書に記載された毎月の給与に賞与を加えたものの合計があなたの年間の給与収入となる。

ところで、日本のサラリーマンは一体どのくらいの給与をもらっているのだろうか。

〈資料1-7〉　平均給料・手当及び平均賞与

区　分	平均給料・手当 金　額 (a)	平均給料・手当 伸び率	平均賞与 金　額 (b)	平均賞与 伸び率	平均給与 金　額 (a)＋(b)	平均給与 伸び率	賞与割合 (b)／(a)
	(千円)	(%)	(千円)	(%)	(千円)	(%)	(%)
平成9年分	3,767	1.5	906	1.1	4,673	1.4	24.1
10	3,766	▲ 0.0	881	▲ 2.8	4,648	▲ 0.5	23.4
11	3,798	0.8	816	▲ 7.4	4,613	▲ 0.8	21.5
12	3,803	0.1	807	▲ 1.1	4,610	▲ 0.1	21.2
13	3,765	▲ 1.0	775	▲ 4.0	4,540	▲ 1.5	20.6
14	3,752	▲ 0.3	725	▲ 6.5	4,478	▲ 1.4	19.3
15	3,738	▲ 0.4	701	▲ 3.3	4,439	▲ 0.9	18.8
16	3,701	▲ 1.0	687	▲ 2.0	4,388	▲ 1.1	18.6
17	3,694	▲ 0.2	674	▲ 1.9	4,368	▲ 0.5	18.2
18 男	4,520	▲ 0.1	867	0.8	5,387	0.1	19.2
18 女	2,345	▲ 0.4	365	▲ 2.4	2,710	▲ 0.7	15.6
18 計	3,676	▲ 0.5	672	▲ 0.3	4,349	▲ 0.4	18.3
19 男	4,534	0.3	889	2.5	5,422	0.7	19.6
19 女	2,344	▲ 0.0	369	1.1	2,712	0.1	15.7
19 計	3,685	0.2	687	2.2	4,372	0.5	18.6

出所）「民間給与実態統計調査結果（税務統計から見た民間給与の実態）平成19年」国税庁HPより

資料1－7をみると、2007（平成19）年の全体の平均は437万円で、男性が542万、女性は271万と相当の差がある。2007年は少し踏みとどまったものの、平均給与が毎年減少し続けていることがわかる。昨年来の不況を考えると、この傾向は一層加速されるのかもしれない。

事業別の平均給与をみてみると、資本金2000万円未満の会社では382万円なのに対して、資本金10億以上の会社は614万円にもなっている（資料1－8）。やはり相当の格差があることがわかる。

業種別も見てみよう（資料1－9）。金融・保険業の691万円に比べて飲食業は273万円と、大きな格差が現れてくる。学生たちの進路希望ランキングに相応しているが、化学工業などを抑えて金融・保険業がトップに躍り出ていることが、この間のわが国の経済を象徴している。

年齢別にみると、男性の場合50代前半がピークで６６７万円であるが、70代以降が60代よりも上昇している（資料１－10）。70代まで給与を受けている人たちはそれなりの地位にある人だろうから、結局平均値は増えるということかもしれない。

男性は３００万から６００万のあたりに集中し、女性は４００万以下が大部分ということになる（資料１－11）。

このように日本の羊たちは平均４３７万円の給与収入を得ているが、業種や会社規模に応じて相当大きな格差を抱えていることになる。

さて、所得税は、この羊たちにどう課せられていくのだろうか。

外交員や集金人の給与

この章の最後で、給与とはされていない報酬でも、実質的にはサラリーマンのように従属労働的なものがあることを指摘しておこう。たとえば、外交員や集金人が保険会社等から支払いを受ける報酬などである。

〈資料1-8〉　企業規模別にみた平均給与（平成19年）

区分		平均給料・手当 (a)	平均賞与 (b)	平均給与	賞与割合 (b)／(a)	10億円以上の事業所を100とした場合の指数 平均給与・手当	10億円以上の事業所を100とした場合の指数 平均賞与	参考 平均年齢	参考 平均勤続年数
（企業規模）		（千円）	（千円）	（千円）	（%）			（歳）	（年）
個人	男	3,027	278	3,306	9.2	55	15	44.1	12.5
	女	1,989	262	2,251	13.2	81	44	48.4	14.1
	計	2,356	268	2,624	11.4	50	18	46.9	13.5
株式会社資本金階級別 2,000万円未満	男	4,171	390	4,562	9.4	76	22	46.1	11.7
	女	2,315	195	2,510	8.4	94	33	46.2	9.6
	計	3,501	320	3,821	9.1	75	22	46.1	10.9
2,000万円以上5,000万円未満	男	4,219	635	4,854	15.1	76	35	44.8	12.2
	女	2,189	289	2,478	13.2	89	49	43.8	8.0
	計	3,569	524	4,093	14.7	76	36	44.5	10.9
5,000万円以上1億円未満	男	4,216	798	5,014	18.9	76	44	42.8	11.6
	女	2,106	304	2,410	14.4	85	51	42.0	7.2
	計	3,491	629	4,120	18.0	75	43	42.6	10.1
1億円以上10億円未満	男	4,692	1,130	5,822	24.1	85	63	41.8	12.6
	女	2,311	408	2,719	17.7	94	69	40.2	6.9
	計	3,913	894	4,807	22.8	84	61	41.3	10.7
10億円以上	男	5,522	1,808	7,330	32.7	100	100	41.5	16.6
	女	2,465	595	3,060	24.1	100	100	39.2	8.3
	計	4,673	1,471	6,144	31.5	100	100	40.9	14.3
計	男	4,646	997	5,643	21.5	84	55	43.5	13.3
	女	2,299	350	2,649	15.2	93	59	42.7	8.3
	計	3,884	787	4,672	20.3	83	54	43.2	11.7
その他の法人	男	4,399	616	5,015	14.0	80	34	46.8	12.5
	女	2,534	435	2,969	17.2	103	73	44.6	9.6
	計	3,486	528	4,014	15.1	75	36	45.7	11.1
合計	男	4,534	889	5,422	19.6	82	49	44.2	13.1
	女	2,344	369	2,712	15.7	95	62	43.9	9.3
	計	3,685	687	4,372	18.6	79	47	44.1	11.6

出所）「民間給与実態統計調査結果平成19年」国税庁HPより

〈資料1-9〉　業種別にみた平均給与（平成19年）

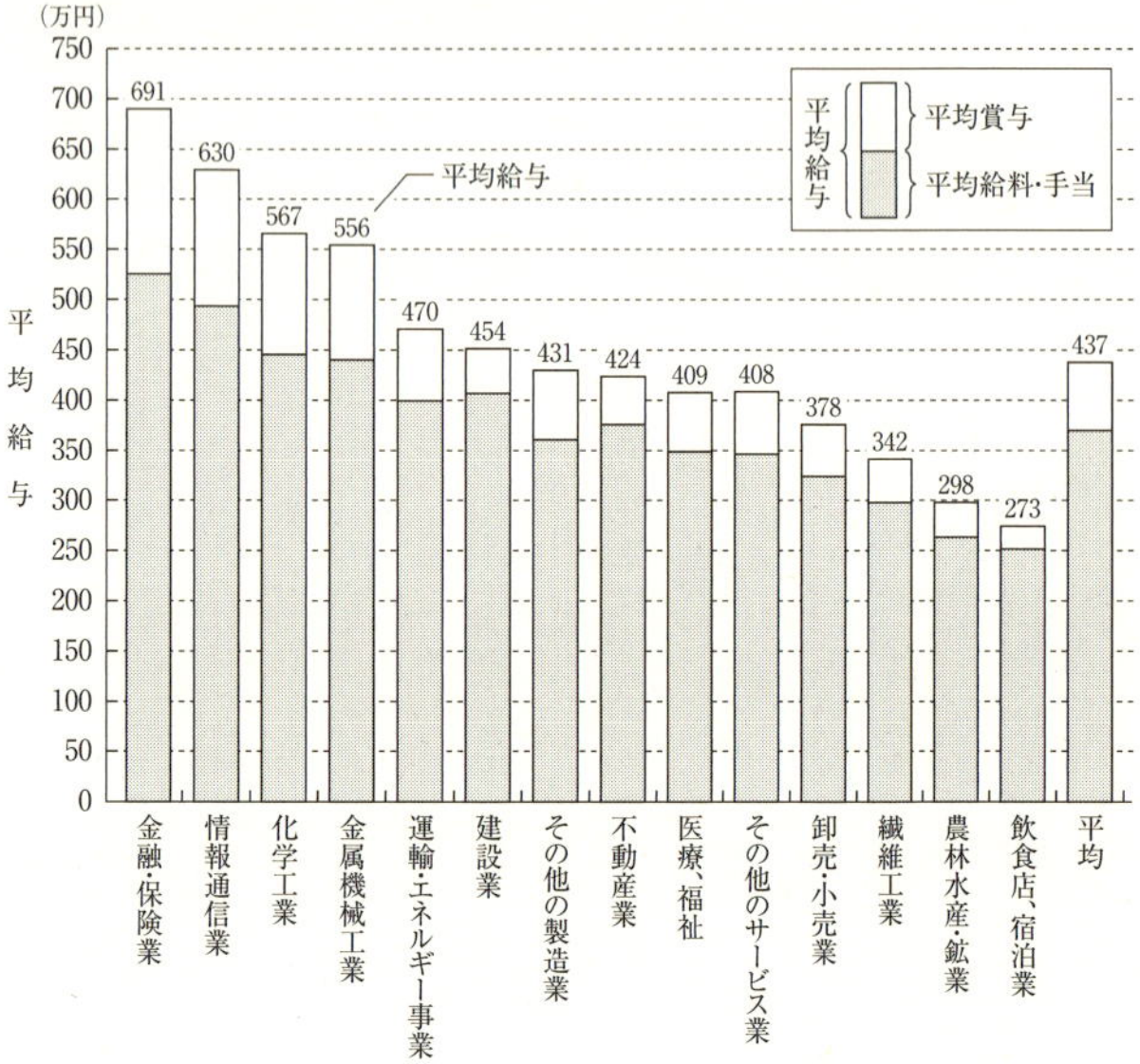

出所）「民間給与実態統計調査結果平成19年」国税庁HPより

　これらの報酬は歩合給であることが多い。歩合給である以上、これらの職種の人たちは「労働時間を顧慮せず、自らが使用者の監督なしに最高の能率をあげるべく最大の努力をなす」ことが建前となり、サラリーマンのような従属的な雇用関係とは異なる。だから、給与所得とは別の事業所得などの所得として課税されていくことになる。しかし、雇用関係ではないとはいえ、実質的に会社に指揮命令されて、従属的な労働をしている場合は給与とした方がよい場合がある。給与所得のメリットを享

〈資料1-10〉　年齢階層別にみた平均給与（平成19年）

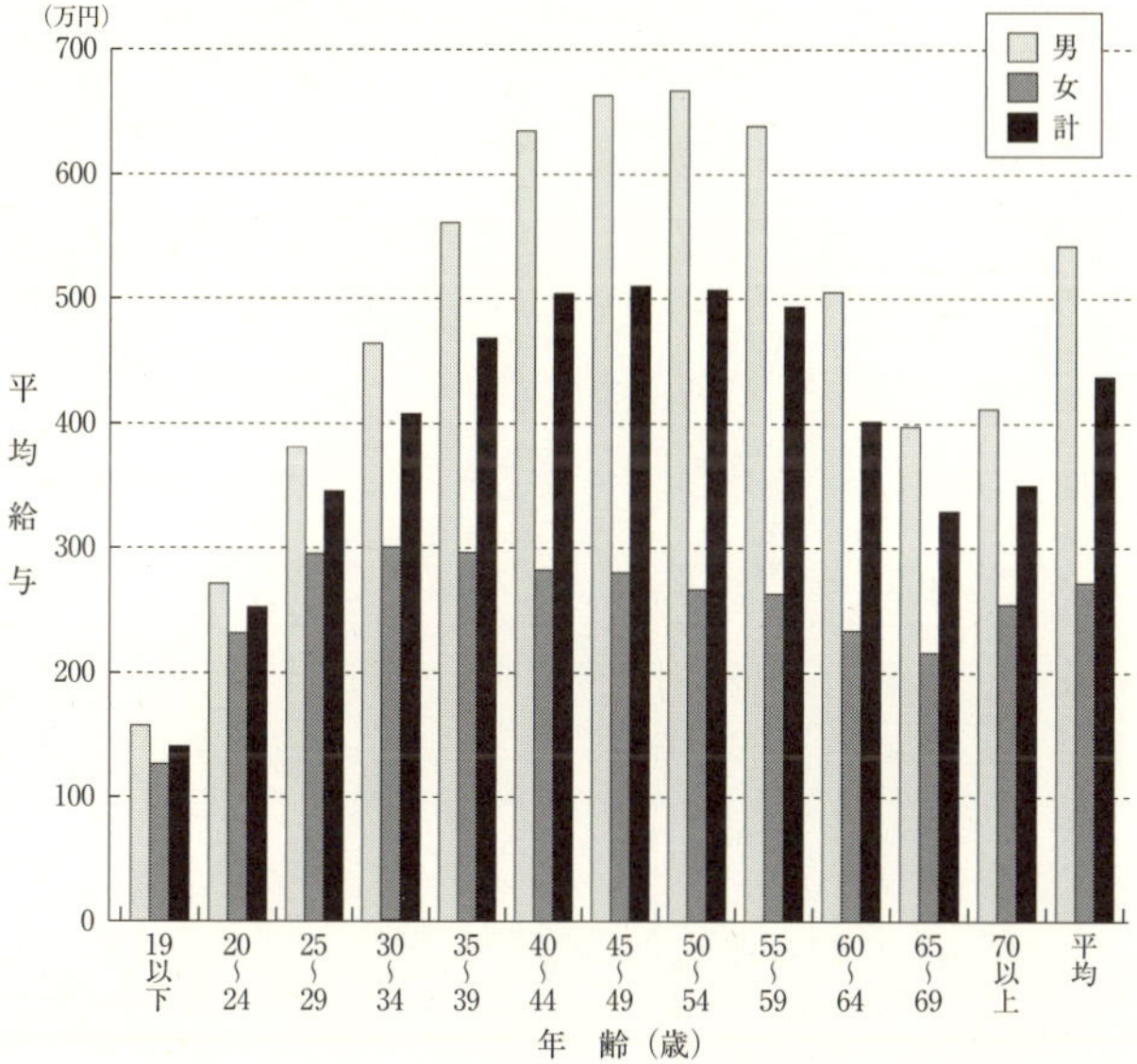

出所）「民間給与実態統計調査結果平成19年」国税庁HPより

受できるからである。何が、給与所得のメリットで、何がデメリットかは次章で紹介しよう。

なお、報酬等が固定給と歩合給の部分とに明らかに区分されているときは、固定給部分は給与だが、それ以外は事業所得や雑所得になる。

〈資料1-11〉 給与階級別にみた給与所得者数

区分		平成18年分		平成19年分	
		(千人)	(%)	(千人)	(%)
男	100万円以下	728	2.7	738	2.7
	100万円超 ～ 200万円以下	1,902	6.9	1,897	6.8
	200 〃 ～ 300 〃	3,287	12.0	3,269	11.8
	300 〃 ～ 400 〃	4,846	17.7	4,850	17.4
	400 〃 ～ 500 〃	4,721	17.2	4,759	17.1
	500 〃 ～ 600 〃	3,551	12.9	3,605	13.0
	600 〃 ～ 700 〃	2,492	9.1	2,557	9.2
	700 〃 ～ 800 〃	1,815	6.6	1,869	6.7
	800 〃 ～ 900 〃	1,227	4.5	1,275	4.6
	900 〃 ～1,000 〃	806	2.9	839	3.0
	1,000 〃 ～1,500 〃	1,545	5.6	1,616	5.8
	1,500 〃 ～2,000 〃	329	1.2	342	1.2
	2,000 〃 ～2,500 〃	100	0.4	100	0.4
	2,500 〃	102	0.4	102	0.4
	計	27,452	100.0	27,819	100.0
女	100万円以下	2,876	16.5	2,924	16.6
	100万円超 ～ 200万円以下	4,721	27.1	4,764	27.1
	200 〃 ～ 300 〃	3,893	22.4	3,926	22.3
	300 〃 ～ 400 〃	2,716	15.6	2,744	15.6
	400 〃 ～ 500 〃	1,529	8.8	1,554	8.8
	500 〃 ～ 600 〃	762	4.4	780	4.4
	600 〃 ～ 700 〃	367	2.1	375	2.1
	700 〃 ～ 800 〃	187	1.1	193	1.1
	800 〃 ～ 900 〃	102	0.6	105	0.6
	900 〃 ～1,000 〃	75	0.4	76	0.4
	1,000 〃 ～1,500 〃	109	0.6	112	0.6
	1,500 〃 ～2,000 〃	35	0.2	34	0.2
	2,000 〃 ～2,500 〃	12	0.1	11	0.1
	2,500 〃	9	0.1	9	0.0
	計	17,393	100.0	17,606	100.0
計	100万円以下	3,605	8.0	3,662	8.1
	100万円超 ～ 200万円以下	6,623	14.8	6,661	14.7
	200 〃 ～ 300 〃	7,180	16.0	7,195	15.8
	300 〃 ～ 400 〃	7,562	16.9	7,593	16.7
	400 〃 ～ 500 〃	6,250	13.9	6,313	13.9
	500 〃 ～ 600 〃	4,313	9.6	4,385	9.7
	600 〃 ～ 700 〃	2,859	6.4	2,931	6.5
	700 〃 ～ 800 〃	2,002	4.5	2,062	4.5
	800 〃 ～ 900 〃	1,329	3.0	1,380	3.0
	900 〃 ～1,000 〃	881	2.0	916	2.0
	1,000 〃 ～1,500 〃	1,655	3.7	1,728	3.8
	1,500 〃 ～2,000 〃	364	0.8	377	0.8
	2,000 〃 ～2,500 〃	112	0.2	111	0.2
	2,500 〃	111	0.2	110	0.2
	合 計	44,845	100.0	45,425	100.0

出所）「民間給与実態統計調査結果平成19年」国税庁HPより

＊

このように、給与明細書に記載されている支給額の大部分は、給与所得の収入金額（９ページ資料０－２の（イ）給与収入）になることをまず確認してほしい。

しかし、この「給与所得の収入金額」に税率が適用されて所得税の額が決まるのではない。税率を掛ける課税所得を導くには、まだいくつかの過程があるのである。次の項目に進んでみよう。

第１章のポイント

○手当は基本的に課税される。

○配偶者手当は、配偶者に103万円以上収入があると支給しない会社が多い。

○深夜勤務の際の、ホテルの宿泊代・帰宅のタクシー代は課税されない。

○宿直・日直手当は1回につき4000円以下（食事代含む）なら課税されない。

○深夜勤務の際の食事代は、1回につき300円以下なら課税されない。

○通勤手当は、月10万円までなら課税されない。

○以下の手当などは業務上必要だったり、社会通念に照らして妥当ならば原則課税されない：出張の旅費・日当、転居費、制服、在外手当、見舞金、社員・研修旅行費など

○社会保険料は実質上課税されない。

○財形貯蓄は、財形年金貯蓄と財形住宅貯蓄の2つの元利合計が550万円までなら利子に課税されない。

○組合費に税金の控除はない。

○源泉徴収の額がまちがっていたら、税務署ではなく会社に是正してもらうしかない。

○賞与（ボーナス）の源泉徴収の計算方法は、月々の給与とは違う。

○社会保険料の金額の確認はその月の給与明細からは困難。

第２章　必要経費の謎

(1) 給与所得控除

サラリーマンに必要経費が認められない理由

月々の「収入金額」を合計すると、年間の「収入金額」になる。ここから、自営業者などの事業者であれば必要経費を引いて所得金額を計算することができる。しかし、サラリーマンの給与所得の金額(9ページ資料0-2の(ロ))を計算するときは実際にかかった必要経費を引くことはできない。これが、サラリーマンの大きな不満になっている。サラリーマンだって仕事のためにいろいろと支出をしている。サラリーマンの必要経費としてよく指摘されているものをここで確認しておこう。

> ①本代、新聞代、資料代 ②交際費 ③電話代 ④背広、靴、かばん、文房具などの消耗品 ⑤自分で買った業務用に使用するパソコンなどの備品代 ⑥自分の能力を高めるための英会話学校、パソコン教室の授業料 ⑦車で通勤している場合の車の減価償却

費、自動車税など　⑧慶弔費　⑨昼食代

これらは必要経費ではないのだろうか？　なぜ、これらの支出を必要経費として控除できないのだろう？　会社にしてみれば、もし、社員に必要経費の実額などを認めたら、会社はその額を届け出させ、個別に計算しなければならなくなる。それを避けるためにも、支給した給与の金額から自動的に控除する金額がわかる仕組みにしなければならない。そして、そのためには、個々の必要経費は無視せざるを得ない。他方で、必要経費を認めた上で、会社に負担をかけない年末調整にすると、年末調整はおおざっぱな調整になり、結局社員に確定申告してもらうしかなくなって、そうなれば今度は税務署が大変になる。

要するに、サラリーマンに必要経費の実額が認められないのは、税務署の手間を省くためである。おまけにサラリーマンも申告作業から解放されて喜ぶだろうし、税金のことを考えなくなるので無知になる。羊飼いの笛や犬に誘導されてすぐに移動してくれ、非常に扱いやすくなる。

自営業者より優遇されているサラリーマンの所得税

そこで、サラリーマンの給与所得の金額の計算については、実際にかかった必要経費を控除させるのではなく、収入金額に応じて一律に控除額が決まる「給与所得控除」を控除させることにした。つまり、自営業者の事業所得などは〈総収入金額－必要経費〉として、実際に支出した経費を計算するのに対し、**サラリーマンの給与所得は〈収入金額－給与所得控除〉として法律で決まった額を控除すればよいことにした**のである。その際、サラリーマンを羊のようにおとなしくさせるためには、この控除額を実際にかかっている経費より多めにしてやればいい。不満があっても、結構優遇されていることがわかれば文句も出てこないからである。そこで、給与所得控除は、次のように、かなり高額になっている。

①**収入金額が１８０万円以下である場合**
当該収入金額（A、以下同）の１００分の40に相当する金額（当該金額が65万円に満たない場合には、65万円）∴A×０・４

②**１８０万円を超え３６０万円以下である場合**
72万円と当該収入金額から１８０万円を控除した金額の１００分の30に相当する金額と

の合計額：72万円＋（A－１８０万円）×０・３

③３６０万円を超え６６０万円以下である場合

１２６万円と当該収入金額から３６０万円を控除した金額の１００分の20に相当する金額との合計額：１２６万円＋（A－３６０万円）×０・２

④収入金額が６６０万円を超え１０００万円以下である場合

１８６万円と当該収入金額から６６０万円を控除した金額の１００分の10に相当する金額との合計額：１８６万円＋（A－６６０万円）×０・１

⑤収入金額が１０００万円を超える場合

２２０万円と当該収入金額から１０００万円を控除した金額の１００分の５に相当する金額との合計額：２２０万円＋（A－１０００万円）×０・０５

これを見ると、事業所得者たちはいろいろな名目で経費を計上して、所得を減らすことができるのに、サラリーマンの給料はそのすべてが課税されている、というのは誤解であることがわかる。給与だと、収入の少ない部分は４割も控除されているのである。おまけに最低額保障まであり、65万円までは無条件で控除できる。

〈資料2-1〉　給与収入に応じた給与所得控除額

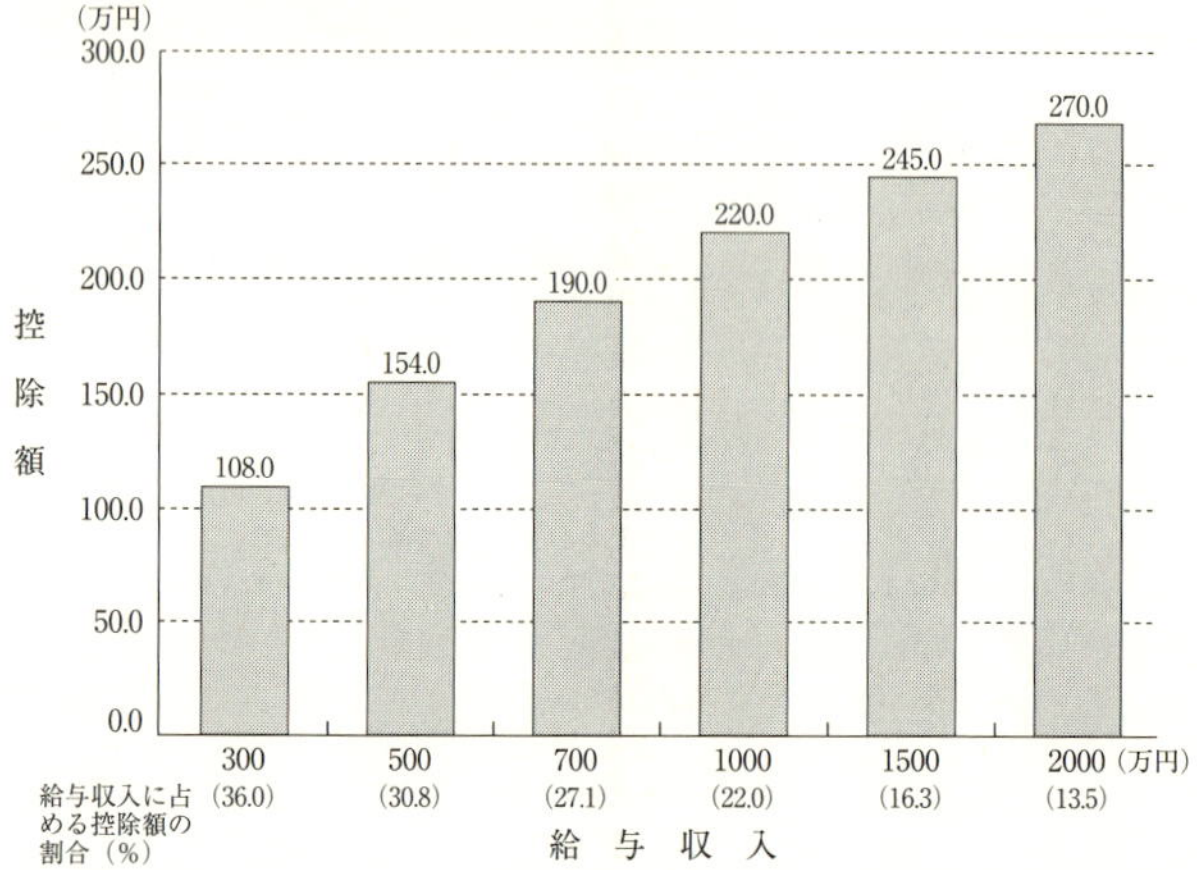

出所）平成12年7月14日付　政府税制調査会中間答申より

たとえば、年収５００万円の場合の控除額は、１２６万円＋｛(５００万－３６０万)×20％｝＝１５４万円ということになる。その結果、所得税の対象となる「給与所得の金額」は５００万円－１５４万円で３４６万円に減るのである。収入ごとの控除額は資料２－１のようになる。かなりの高額を控除してもらっていることがわかるだろう。だから、事業所得者などよりも優遇されているといえるかもしれない。

国際比較をしても日本の控除額はかなり高く、外国には給与所得控除のような制度そのものがないか、あっても非常に低額である(資料２－２)。欧米の場合はサラリーマンも実際の経費を引くのが原則だからである。

〈資料2-2〉　給与所得者の必要経費等についての各国の制度の概要（未定稿）

（2008年1月現在）

	日　本	アメリカ	イギリス	ドイツ	フランス
概算控除	**給与所得控除** （給与収入金額に応じ、控除率：40％～５％の５段階、最低65万円）が認められる。	**標準（概算）控除** （夫婦共同申告の場合） 10,900ドル （127.5万円）	なし	**被用者概算控除** 920ユーロ （15.0万円） **特別支出概算控除** 36ユーロ （0.6万円）	**必要経費概算控除** 社会保険料控除後の給与収入金額の10％ **最低控除額** 401ユーロ （6.5万円） **最高控除額** 13,501ユーロ （220.1万円）
実額控除	通勤費等勤務に直接必要な特定支出の額が給与所得控除額を超える場合は、その超える部分につき、特定支出控除が認められる。	上記に代えて、必要経費については、実額（項目別）控除が認められる。 実額控除は、給与所得者の必要経費の他、以下のような職務以外の個人的な経費についても認められる。 ・医療費 ・慈善寄付金	必要経費については、実額控除が認められる。 実額控除は、原則として以下のものについて認められる。 ・適格旅費（注：通勤費は認められない） ・適格旅費以外の費用のうち、全体として、専ら職務の遂行を目的として支出され、職務の遂行に必要不可欠なもの	上記に代えて、必要経費については、一定の実額控除が認められる。	上記に代えて、必要経費については、実額控除が認められる。

（備考）邦貨換算レートは、１ドル＝117円、１ユーロ＝163円（基準外国為替相場及び裁定外国為替相場：平成19年[2007]年6月から11月までの間における実勢相場の平均値)。

出所）財務省HPより

そうすると、サラリーマンに認められている給与所得控除は、実際にかかった必要経費を少し多めに見積もった額なのだろうか。実は必ずしもそれだけではなく、さまざまな要素がこの中に込められているのである。１９５６（昭和31）年の税制調査会の答申では、この制度の中に次の４つの要素が含まれていると説明されていた。

①勤務に伴い必要となる経費の概算的な控除であるとする考え方。

②給与所得は本人が死亡等の場合には直ちにとだえるという意味で担税力に乏しいから、これを配慮するための控除であるとする考え方。

③給与所得については他の所得に比べて相対的により正確に把握されやすいから、これを相殺する（つまり、他の所得より高めに把握されるので、その分を軽減する）ための控除であるとする考え方。

④給与所得については、所得税の源泉徴収が行われるが、その結果、申告納税の場合に比べ、平均して約5カ月程度早期に納税することになるから、その間の金利を調整する必要があるとする考え方。

このうち、④の金利調整分は低金利の現在ではほとんど意味がないが、①〜③の控除理由はたしかに面白い。まず、給与所得にも必要経費があるが、個別に計算するのは大変なのでそれを概算で控除しているのだ、というのが①。給与は、預金の際の利子などと違い、働けなくなったら入ってこないので担税力が弱い、だから、給与所得控除で少し所得を減らしてあげる、というのが②。これは切実だ。給与はガラス張りで、他の所得よりちゃんと把握されているので、その分所得を減らしてあげる、というのが③。これは非常に意味深な説明だ。他の所得には申告漏れ・課税漏れがかなりあることを示唆しているからである。

いずれにせよ、このような理由で設けられた給与所得控除があるのだから、羊たちはおとなしくしていればよいではないか、というのである。しかし、実際にかかった必要経費が給与所得控除額を超えることもないわけではない。その場合に、必要経費の実額を控除できないのはやはりおかしいのではないか、という羊が、今から45年前にいたのである。

大島サラリーマン訴訟

1匹の羊が、なぜ給与には必要経費の実額控除を認めないのだ、それは不平等な扱いで憲法に反するのではないか、と裁判で争ったことがあった。大学でスペイン語を教えることで給与を受けていた大島正教授が、税務署に対してドン・キホーテのごとく勇猛果敢に戦いを挑んだのである。

争われたのは1964（昭和39）年の所得で、原告の給与収入は約170万円、当時としては高額であった。ところが控除できる金額は13万5000円で、これでは収入のわずか7・8％しか引けない。実際には38万7900円も必要経費がかかっていたのに、それを引くことができないのは、不平等じゃないか、というのが大島教授の言い分であった。これを受けて税務署は、給与所得控除の額がサラリーマンの必要経費を十分配慮していること、だから、実額で控除する必要などないことを示すことが必要になってきたのである。

この裁判は、結論として、原告側が負け、給与所得控除は違憲ではないとされた。しかし、実際には勝ったともいえるのである。

というのは、この裁判が起きてから毎年のように給与所得控除の引き上げが行われたからである。その結果、1964年当時は最低1万7500円、最高13万5000円だった控除額が、最高裁判決が出る1985（昭和60）年には最低で55万円、最高は収入から1000万円控除後の金額の5％＋159万5000円までに引き上がったのである。その後、現在までで最低が65万円、最高は収入から1000万円控除後の金額の5％＋220万円までしか引き上げられていないのだから、現在の給与所得控除額の大半はこの裁判の間に引き上げられたことになる。

こうした経緯をみると、ドン・キホーテの戦いは夢と幻に終わったのではなく、全国の羊たちにささやかな幸せをもたらしたのである。

ところで、最高裁（１９８５年３月27日判決）は、サラリーマンに実額の経費控除を認めない現行制度を合憲だと判断したが、どうしてなんだろう？　その理由について、少し長いが判決文から引用しておこう。

給与所得者は、事業所得者と異なり、自己の計算と危険とにおいて業務を遂行するものではなく、使用者の定めるところにしたがって役務を提供し、提供した役務の対価として使用者から受ける給付をもってその収入とするものであるところ、右の給付の額はあらかじめ定めるところによりおおむね一定額に確定しており、職場における勤務上必要な施設、器具、備品等に係る費用のたぐいは使用者において負担するのが通例であり、給与所得者が勤務に関連して費用の支出をする場合であっても、各自の性格その他の主観的事情を反映して支出形態、金額を異にし、収入金額との関連性が間接的かつ不明確とならざるを得ず、必要経費と家事上の経費またはこれに関連する経費との明瞭な区分が困難であるのが一般である。その上、給与所得者はその数が膨大であるため、各自の申告に基づき必要経費の額を個別的に認定して実額控除を行うこと、あるいは概算控除と選択的に右の実額控除を行うことは、技術的及び量的に相当の困難を招来し、ひいて租税徴収費用の増加を免れず、税務執行上少なからざる混乱を生ずることが懸念される。また、各自の主観的事情や立証技術の巧拙によってかえって租税負担の不公平をもたらすおそれもなしとしない。旧所得税法が給与所得者に係る必要経費につき実額控除を廃し、代わりに概算控除の制度を設けた目的は、給与所得者と事業所得者等との租税負担の均衡に配意しつつ、右のような弊害を防止することにあることが明らかであるところ、租税負担を国民の間に公平に配分するとともに、租税の徴収を確実・的確かつ効率的に実現することは、租税法の基本原則であるから、右の目的は正当性を有するものというべきである。

肩が凝るような文章だが、判決文としてはわかりやすい方である。しかし、実額控除を採用しない理由として指摘している点に説得力があるだろうか？

①「職場における勤務上必要な施設、器具、備品等に係る費用のたぐいは使用者において負担するのが通例である。」

これは一応その通りである。しかし、通例であるから、一般的にはそうだというにすぎず、サラリーマンでも会社での仕事のために自分で支出しているケースがあることは否定できない。そういう場合に実額の経費控除を認めろと主張しているのだから、一般論を持ち出しても反論にはならない。

②「給与所得者が勤務に関連して費用の支出をする場合であっても、各自の性格その他の主観的事情を反映して支出形態、金額を異にし、収入金額との関連性が間接的かつ不明確とならざるを得ず、必要経費と家事上の経費またはこれに関連する経費との明瞭な区分が困難であるのが一般である。」

サラリーマンの場合は、仕事のための支出と個人的な支出が区別しにくい、というのであるが、これは理由になるのだろうか。たしかに、自宅で会社の仕事をするためパソコンを買ったといっても、実は個人的趣味に使っているなんていうケースは少なくないだろう。でも、事業者だって同じではないか？　事務所の車を私的に使った場合に、どう区分できるというのだろう。

③「給与所得者はその数が膨大であるため、各自の申告に基づき必要経費の額を個別的に認定して実額控除を行うこと、あるいは概算控除と選択的に右の実額控除を行うことは、技術的及び量的に相当の困難を招来し、ひいて租税徴収費用の増加を免れず、税務執行上少なからざる混乱を生ずることが懸念される。」

要するに、サラリーマンが確定申告するようになったら税務署はパンクするでしょう、という反論である。だが、本当にそうなのだろうか？　それなら、サラリーマンがみな申告をしている欧米などの税務署はどうしてパンクしないですんでいるのだろう？　申告期限を一律にせずに、個人でも事業者の場合は事業年度を選択制にし、1年を通じて申告するようにし、3月はサラリーマンだけの申告に限定したってよいはずだ。そうしている国もある。そもそも日本の税務署はＥＵ諸国の税務署より、はるかに仕事が楽なはずである。なぜなら、ＥＵ諸国では納税者の申告書に基づいて税務署が税額を計算し、改めて決定処分をしなければ税金を徴収できない賦課課税方式であるのに対して、日本では納税者の申告で税額が確定し、税務署がわざわざ税額決定処分をしなくても税金を徴収できる申告納税制度だからである。

だから、本当に税務署がパンクするのかは疑問だ。むしろ、事業者は自分の申告で税額を確定させ、他方で、羊たちは会社を通じて年末調整で完結させ、税務署の手を煩わせないようにしたいという本音が透けて見える。これがどうも一番の根拠らしい。

④「各自の主観的事情や立証技術の巧拙によってかえって租税負担の不公平をもたらすおそれもなしとしない。」

必要経費をちゃんと立証できる羊の税金が軽くなり、ぼーっとしている羊の税金が高くなるのは不公平だ、というのである。ばかばかしい理由だ。それなら、事業所得者にも必要経費の実額を認めるべきではないはずである。立証技術の巧拙によって大きな税負担の差が生じているからだ。羊の場合だけ、一生懸命努力しても、ぼーっとしていても、同じにしなければいけないのはなぜなのだろう。努力することのむなしさを自覚させ、税に関心を持たせず、羊飼いの笛にしたがっておとなしくしていればいいということなのだろうか。

給与所得なみになった内職収入

このように、給与所得控除には問題が多いのだが、それでも他の所得者からは給与所得控除がうらやましがられた。最低でも65万円の控除が保障されているのは魅力的だからだ。特に家内労働者の間でこの声が高まった。

というのは、家内労働、つまり内職は歩合制、出来高制で、請負労働ということになり、給与所得ではないからだ。そのため、実際にかかった経費は控除できるが、低収入の内職の場合だと、65万円もの経費を計上するのも大変で、実際には収入の3割程度の経費しか生じない。そうすると、収入が少ない内職の場合は給与所得控除の方が圧倒的に有利になる。それに、配偶者がパート労働をしている場合なら収入金額が103万円でも給与所得控除が65万円控除できるので所得が38万円となり、配偶者控除（140ページ参照）などが適用されるのに、配偶者（妻）が内職をしている場合、収入からその実際の経費を控除した金額が38

万円を超えてしまうと、夫の年末調整や申告では配偶者控除が適用できなくなる。経費が収入の３割程度と仮定すれば、収入が54万円程度になると、配偶者控除の基準所得額である38万円を超えてしまうからだ。

そこで、何とか、内職による収入を給与所得にしてくれという運動がいろいろ展開され、１９８８（昭和63）年の税制改正で、給与所得者と同じように65万円までは保障しようという特例が設けられたのである。

対象になるのは、

①家内労働法に規定する家内労働者
②外交員、集金人、電力量計の検針人
③特定の人に対して継続的に人的役務の提供を行うことを業務とする人（シルバー人材センターから派遣されて報酬を得る人や、乳酸菌飲料などの家庭訪問販売をする人など）

たちである。

この人たちの所得は、所得税法では給与所得ではなく、事業所得や雑所得なのであるが、租税特別措置法によって必要経費が65万円に充たないときは、65万円を控除してよい、という特例措置を適用できるのである。だから、厳密にいうと、給与所得になったわけではない。それでも、ようやく給与所得並みになったとはいえる。給与所得には実額控除が認められないというデメリットと、他方で法定控除額が高めに設定されているというメリットがこうした現象を生み出したといえよう。

(2) 特定支出控除

実額控除選択制

ところで、この大島訴訟の最高裁判決は、結論としてはサラリーマンに実額の経費控除を認めないことを合憲としたが、裁判官の中には補足意見で実額控除選択制(給与所得控除と実額経費控除の有利な方を選択する方法)導入の検討を促した人もいた。最高裁の裁判官も給与所得者だから、現行制度は、やはりどこかおかしいぞ、とは思ったようである。

最高裁がこのような指摘をしたので、1986(昭和61)年10月に政府税制調査会(政府税調)は「税制の抜本的見直しについての答申」をまとめ、その中で「勤務に伴う費用の実額控除と概算控除の選択制」の導入を打ち出したのである。

　政府税調は、給与所得控除額の中身を、必要経費部分（98ページの①）と負担調整部分（98ページ②～④）とに分け、その割合を「各々二分の一」とした。したがって、サラリーマンが実額控除を選択した場合は、給与所得控除額は半額になるが、必要経費は全額控除できることになる。これが実施されていたら、今頃羊たちも狐に変身して、税務署の狸と化かしあいをしていたかもしれない。それだけに、大蔵省（現財務省）は強い抵抗をした。選択制とはいえ、源泉徴収制度に大きな風穴を開ける危険があったからである。

特定支出

　答申から2年後の１９８８（昭和63）年に、結局、導入されたのは、答申の選択制とはほど遠い特定支出控除制度であった。これは、サラリーマンの支出した必要経費すべてではなく、特定の支出のみを控除できるようにし、しかも無条件ではなく、特定支出の合計額が給与所得控除額「全額」を超えている場合のみ選択できるようにする、というものであった。

　もちろん対象となる「特定支出」の範囲が非常に広くて、多くのサラリーマンに共通するものだったら、それなりに意味があったかもしれない。しかし、最終的に認められた特定支出は次の5つであった（当初示された案の中には組合費などもあったが、さすがは与党・財務省、組合員が増える危険性を察知し、すぐに削除してしまった）。
①一定の通勤費、②転勤に伴う引っ越し費用等、③研修費、④一定の資格取得費、⑤単身赴任者の勤務地と自宅の往復旅費、である。
これらの特定支出の中身をもう少し確認しておこう。

①通勤費

まず通勤費である。給与明細書に記載されて非課税になっている部分、つまり会社から支給される通勤費が10万円を超えていない部分は特定支出の対象とはならない。さらに、自分で支出している通勤費もしくは会社が出しているが課税されているものでなければならない。

たとえば新幹線通勤をしているサラリーマンが、毎月通勤費が13万円かかるので、会社から支給される非課税の10万円以外に3万円、年間36万円を自分で負担しているというような場合、その36万円が対象になる、また、会社が全額負担してくれているが、3万円は毎月の給与に含まれて課税されている場合も、その課税されている部分、つまり年間36万円が対象になる。ただし、グリーン車で通勤する場合は、「一般の通勤者につき通常必要であると認められる部分」という要件には該当しないので対象とはならない。

もちろん、回数券を大量購入して、特定支出をふくらまそうとしてもだめである。その年に使用した分しか対象にならないからである。羊たちが考えそうなことは国税庁もちゃんと考えている。

車で通勤するときも対象になる。自動車通勤の場合は非課税額が少ないので、自己負担している金額が多いと思われる。通勤のために自分で負担している燃料費や通常の修理費などが対象になる。

こういう支出が多い人は一度計算してみるとよいかもしれない。

②引っ越し費用等

転任に伴う転居の際に通常必要であると認められる支出に適用される。旅費や宿泊費等も含まれるが、この機会に、とスイートルームに泊まっても、その宿泊費は当然対象にならない。ガムテープなどの梱包費用は含まれるが、それじゃ、壁の塗り替え費用などもいいかというと、運搬に関係ない支出は含めないことになっている。

③研修費

職務の遂行に直接必要な技術または知識を習得することを目的として受講する研修で、会社等によって証明がされたものに参加するための費用に適用される。会社が費用を負担しているが給与に含まれて課税されている研修費や自腹で負担している研修費などが対象となる。

④資格取得費

栄養士や調理師、運転免許などの資格を取得するための支出で、職務の遂行に直接必要なものとして会社が証明したものに適用される。これも対象は研修費の場合と同様である。ただし、弁護士、公認会計士、税理士等のように、その資格を取ると会社から独立できる資格は対象にならない。この控除は、あくまで給与所得者に対する特例ということなのだろう。

⑤往復旅費

最後に往復旅費である。これは、単身赴任をした場合に、その勤務地と配偶者その他の親族が居住する場所との間を行き来する旅費である。ただし、月４回までとされている。毎週末に帰宅した分まではカウントします、という意味である。この往復旅費が特定支出控除の対象となっているものの中で、一番実用性が高いと思われる。

　これらを見てもわかるように、特定支出控除の対象は非常に限定されていることがわかる。しかも、**これらの支出の合計額が給与所得控除額を超えた場合に限って、さらに自分で確定申告をしなければ適用されない**のである。

　考えてみてほしい。年収５００万円の場合に保証されている給与所得控除額は１５４万円である。そうすると、前記５つの支出の合計が１５４万円以上になった場合だけしか特定支出控除制度が選択できないことになる。選択できる人がはたしているのだろうか？　選択できたらその人は本当にサラリーマンなのだろうか？　この制度を本当に選択できるような支出をしたら家庭は崩壊しているのではないか、等の疑問がつきなかった。

16人から1人に

　この特定支出控除制度が全国約５０００万といわれた当時のサラリーマンに与えた影響は全く乏しいものであった。制度が導入された１９８８（昭和63）年にこの制度を適用した申告者数は全国でたった16人で、その内訳は通勤費８、転居費１、研修費10、資格取得費２、帰宅旅費3であった（つまり、8人が2つの項目を合計して適用したことになる）。当時筆者は、通勤費でこの制度の適用を受けるサラリーマンの年収を推計したことがある。当時の推計では、仙台から東京に新幹線で通勤している年収1000万円以上の給与所得者であろうと思われた。

いずれにせよ、ふつうのサラリーマンではない。

翌89（平成元）年には、この申告者数が5人に減り、90（平成2）年に9人に増えるが、その後8人、7人、4人、7人と推移し、ついに95年（平成7）年には1人になった。たった1人のためだけの特例ということになったのである。当時の大蔵省はこの人に、特例をムダにしなかった功労者として国民栄誉賞を与えるべきだったのではないか。

その後も超低空飛行を続け、97年（平成9）年に再び1人となり、その後は最多でも2005（平成17）年の13人であった。

こんな少数しか適用できない制度を設け、そのために法律まで改正し、その説明のためのパンフレットを作るなど多くのコストをかけた結果が、この有様《ありさま》である。要するに、財務省としては、羊たちに必要経費の実額控除などさせたくないのだ。だから、こんな無駄な制度を作って、その可能性があるようなポーズだけを取っているのである。

(3) 実額控除制度

税務署が認めない根拠

こんな制度は廃止して、多くのサラリーマンが税制に関心を持てる制度に変えなければいけない。そのためにも、前述の政府税調答申のようなものにするか、あるいは、給与所得控除を半分から3分の1程度にして、その代わり必要経費を全部実額で申告できるようにすべきなのだ。

そうしたら、羊だってのんびりしていられない。日々の支出を細かくチェックするだろうし、申告の際に手元に領収書がないことに気づけば、領収書をかき集めに息を切らしてあちこち走り回るはずだ。そして、事業所得者の苦労もわかり、家族でした食事も事業の経費で落としている、というような思い込みもなくなるだろう。

しかし、同時に明らかにしておかねばならないのは、サラリーマンの必要経費の具体的内容である。実額控除の選択制が導入されても、何が必要経費であるかが明らかにされない限り実効性はないからである。さあ、一度、それについて考えてみよう。

前述の大島サラリーマン訴訟では、原告は、①被服費、クリーニング代、散髪代、②通勤費、③研究費、④学会関係費、⑤学生関係費、⑥交際費、等が必要経費であると主張した。たしかに、よれよれのスーツでは営業にまわることもできないから①は必要である。⑤の学生関係費というのは大学特有のもので、早い話が学生たちに飲み食いさせるのにかかるお金だ。学生にたかられている先生の姿が浮かんでくるようである。サークルの顧問などをさせられたら、そりゃもう大変だ。

これに対して税務署はこれらを必要経費と認めることはできないと反論した。どうしてなのか、税務署がそう主張する根拠を確かめてみよう。

①の被服費、クリーニング代、散髪代は、いずれも家事費だという。被服費はひとり給与所得者のみならず、その他の所得者についても当然必要なものである。また、被服は個人の趣味嗜好によってその種類、品質、数量等を異にし、その耐用年数についても個人差がある。だから、たとえ勤務時に着用する被服であっても、必要経費に属する部分を一義的に測定することはできない、ということのようである。

②の通勤費は、実費弁償的性格を帯びるものであり、これを給与所得者の収入金額とみるのは必ずしも妥当でない（そのため、通勤費は非課税の取扱になっている）。反面、通常必

要とする以上の金額は必要経費になるとは言い難い、という。よく理解しにくい主張だが、通勤費は原則10万円までは非課税になっているし、これを超える場合は、必要以上に遠いところに住んで通っているだけの話だから、必要経費性はない、ということのようである。

③④の研究費および学会関係費は、いずれも家事関連費（家事上と業務上の両方にかかわりがある支出だが、主として業務のためで、その部分を明確に区分できるときしか必要経費として認められないもの）に属するという。もともと人がその個人的能力を高めるための出費は必要経費ではないし、また、研究費については特定の収入との対応関係を確定することが極めて困難である、というのである。たしかに、学会に会費を払っていても、収入なんぞはふつうは増えないし、学会誌に論文などを書いても原稿料は払われない。だから、収入との対応関係などない、というのはその通りだろうが、個人的趣味のために学会に入っているわけでもない。

⑤学生関係費も自分の所得を個人的に使っているだけであり、家事消費に属する、という。これには教育熱心な先生たちは憤慨するだろう。あなたの私的趣味のために学生とつきあって、あなたの私的興味から負担しているにすぎないといわれているのと同じだからである。

⑥交際費も、個人的な社交のための出費、所得の処分とみるべきであり、仮に、職務遂行

上有益な面があるとしても、特定の給与収入に対応する部分を区別することはできない、という。たしかに、学者の交際費というのは微妙だが、およそ交際費自体がすぐに仕事とは結びつかないものなので、サラリーマンには交際費が全くないというのもおかしい。むしろ、取引相手よりも、上司への「接待、供応、慰安、贈答その他これらに類する行為」に一生懸命励んだ方が将来の出世・給与増につながる可能性が大なのである。

にもかかわらず、税務署は、①~⑥の支出はみな「家事費」であるという。つまり、自分の私的生活のための支出にすぎないというのである。

会社は営利目的のために作られた団体であるから、24時間ビジネスのために活動をしている。だから、会社の支出は基本的に所得計算に関係し、経費・損金となる。しかし、個人は24時間ビジネスのためだけに生きているわけではない。個人が働くのは自分の私的生活を維持するためであるから、1日のうち8時間程度働き、残りは私的生活である。そうすると、個人の支出は基本的に自分の私的生活のための支出、家事費ということになり、必要経費として認められる部分が限定されてしまうのである。

実額控除ははたしてトクか？

特に税務署の考え方は、必要経費を非常に限定的に解している。必要経費は「その収入を得るために直接または間接に必要とされる費用」であるとし、その支出は少なくとも「収入との関連性」がなければならないという。さらに、収入との関連性があるものであっても「その主たる部分が収入を得るために必要」であり、かつ、「その必要である部分が明瞭に区分できる」ものに限定される、というのである。

特に「収入の増減につながる支出」という点を重視するため、たとえば、背広を購入してもそれによって給料が上がるわけでもないので必要経費性は乏しく、しかも日常においても着ることのできるものであるから、結局、家事費だとされてしまうのである。

しかし、サラリーマンが必要経費だと実感しているのは、「収入の増減につながる支出」だけではない。支出せざるを得ないものの中には、「職務に従事することがなければ生じない支出」も少なくないのである。つまり、収入の増減にとらわれることなく「勤務に伴い余儀なくされる」支出が、サラリーマンの「必要経費」なのである。こうした支出が給与所得の必要経費になることを前提にしなければ、実額控除制度を入れても特定支出控除と同じ運命をたどることはまちがいない。

（2008年10月現在）

	ドイツ	フランス
	左に同じ。	左に同じ。
	控除を認める。 ただし、自動車等による移動の場合には、一定の限度で控除を認める。なお、公的交通機関を利用する場合は、勤務先から支給を受ける通勤費用手当は、非課税。	控除を認める。 ただし、30km以遠から通勤している者は、そこに居住することが合理的な事情によることを立証した場合に限る。
	職場でのみ着用される職業用の衣服の費用に限る。通常の衣服は、職場で着用されるものであっても控除を認めない。 例：作業服、ヘルメット	特別な衣服を必要とする職業に限り控除を認める。 例：芸人の衣装、ウェイターの制服、作業服
	取引観念上適当であり、かつ、その理由と額が書面により証明されるものは、支出額の80％を限度として控除を認める。	職務の遂行上必要なものに限り控除を認める。
	現在の雇用に関し、職業上の要請に応じるために必要な知識を習得するための費用に限り控除を認める。	職業上の資格を得るための費用、又は学位論文の準備、印刷に要する費用は控除を認める。
	専ら職務の遂行上必要な専門書、専門雑誌に限りその購入費の控除を認める。	職業上必要な書籍等の購入費は控除を認める。
	営利を目的としない職業上の団体（学会、労働組合等）の会費は、控除を認める。	労働組合費は控除を認める。
	職業上家族と離れて二重生活をしている者について、帰省費（週１回分だけ）等、二重生活の為のやむをえない支出について控除を認める。	職業上利用する自動車の減価償却費、接待費など。

出所）内閣府税制調査会HPより

〈資料2-3〉　主要国における給与所得者を対象とした必要経費申告制度の概要（未定稿）

項　　目	アメリカ	イギリス
実額控除の認められる経費の範囲		
(1)旅費	自己が負担した職務上の旅費に限る。	左に同じ。
(2)通勤費	控除を認めない。	左に同じ。
(3)衣服費	特殊な職業に従事する故に着用を命ぜられ、かつ通常の場所では着用されない衣服の費用に限り控除を認める。 例：消防士、警官の制服	職業上必要とされる特殊な衣服の費用に限り、控除を認める（この場合一定の控除率が労働組合と当局との間で協議されて決められるのが慣例である）。
(4)交際費	雇用主が負担を要求したことを証明した場合のみ控除を認める。	原則として、控除を認めない。
(5)研修費	雇用主の要求若しくは法令の要件を満たすため、又は職務上必要な技能の維持向上を目的とする研修費用に限り、控除を認める。	ある一定の職業訓練にかかる費用に限り控除を認める。
(6)職業上の図書の購入費	雇用主の要求がある場合又は職務上必要な定期刊行物の購読費について控除を認める。	原則として、控除を認めない。
(7)職業上の団体の会費	職業上の団体の会費、労働組合費は控除を認める。	一定の職業上の団体に限り控除を認める。なお、労働組合費は、控除を認めない。
(8)その他控除の認められる主な経費	転勤費用、外勤セールスマンの経費など。	

このような観点から、サラリーマンの必要経費としてよく指摘されているものを再度確認してみよう（92ページ参照）。

これらの大部分は、職務上の必要性が認められれば、仮に私的に使う部分があるとしても、その部分を除いた支出は必要経費になるといえよう。昼食は仕事とは関係なく食べるものなので、基本的に家事費だといえるが、外食することにより余分にかかる部分は必要経費といえる。外国ではどうなっているのかも資料2－3にみておこう。

こうしてみると、実額になればバラ色になるわけでもないことがわかる。しかし、給与所得控除に満足し、税のことを忘れてしまう制度よりはいい。羊たちが税のことを意識して行動するようになれば、新聞やテレビの報道内容も変わり、税制改正の注目度も変わってくるのではないだろうか。

（4）通勤車が壊れたら

一般の経費ではなく、資産の損失についてはどうなるのだろう。

サラリーマンが主として通勤のために使っている自家用自動車が事故で破損した。200

万円で購入したばかりの新車だったのに、スクラップ業者は５０００円でしか引き取ってくれなかった。約２００万円の損失になるが、これはどうなるのだろう。

税法的にみると、２００万円から５０００円を引いた、１９９万５０００円の譲渡損失が生じたことになる。この損失が給与所得と相殺できれば所得税の課税対象額が減ることになる。

しかし、通勤車の譲渡損失は給与所得と相殺できないのである。通勤車が「生活に通常必要な動産」に区分されると、譲渡益（取得費よりも高く売れた場合の差益）が出ても課税されない代わりに、譲渡損失はなかったものとされている（所得税法９条）。他方で、「生活に通常必要でない資産」に区分されると、他に不動産を譲渡して所得がある場合などはその譲渡所得との相殺は可能だが、給与所得との相殺はやはりできない（所得税法69条）。

要するにどっちに転んでも、通勤車の譲渡損失は給与所得と相殺はできない。これを不服とするあるサラリーマンが、通勤車はそのどちらの資産でもない「一般資産」なのだと主張して争ったが、裁判所は認めなかった。同じ所得税でも、個人事業所得者が事業のために使う事業用車両だと、その損失は他の事業所得と相殺できるのに、サラリーマンの通勤車の場合は破損し損失が生じても、相殺できないのである。羊たちには車は不要だということかもしれない。

第2章のポイント

○サラリーマンには、原則必要経費は認められていない代わりに、給与所得控除がある。

○サラリーマンの必要経費としてよく指摘されるものは、①本代、新聞代、資料代　②交際費　③電話代　④背広、靴、かばん、文房具などの消耗品　⑤自分で買った業務用に使用するパソコンなどの備品代　⑥自分の能力を高めるための英会話学校、パソコン教室の授業料　⑦車で通勤している場合の車の減価償却費、自動車税など　⑧慶弔費　⑨昼食代

○配偶者が内職などをしている場合、給与所得者と同様に、65万円を控除してもよい。

○特定支出控除制度は、サラリーマンの支出した必要経費すべてではなく、通勤費や引っ越し費用など、特定の支出のみを控除できるようにした制度だが、ほとんど利用されていない。

○通勤者の譲渡損失は給与所得と相殺できない。

第3章　控除の謎

（1）基礎控除

所得税は「人税」である

第2章までで説明したように、給与所得は収入金額から給与所得控除額を控除して求める。これが「給与所得の金額」（9ページ資料0－2の（ロ））ということになる。

サラリーマンの中にはアフター5に別の会社で働き、そこから給与をもらっている人もいるかもしれない。もちろん、税務署は一つの会社からの給与だけに課税するわけではないので、別の会社からの分も含めて給与の収入金額は合計される。2つ目の会社の源泉徴収は72～73ページ資料1－4の一番右側の乙欄が適用されることになるのである。

また、副業をしているサラリーマンの場合、その仕事の内容によって計算方法は異なるが、所得（収入から必要経費を引いた差額）がプラスなら給与所得に加算して「総所得金額」を求める。所得がマイナスだと給与所得と相殺できる場合もあるし、できない場合もある。たとえば、副業が事業所得や不動産所得（不動産の賃料など）の場合、赤字になれば給与所得と相殺して総所得金額を減らすことができるが、プロローグで述べたように、わざわざ赤字の事業をやる必要はないと思われる。もっとも、サラリーマンの場合、時間が限られているので、他に所得があるとしても通常は「雑所得」程度のものだろう。「雑所得」の場合は、赤字になっても給与と相殺はできない。もちろん黒字ならば、給与所得に合計されて「総所得金額」に含まれる。

圧倒的多数の羊たちは一つの会社に身も心も縛られて、一生懸命働き給与を得ている。だから所得の種類も一社からの給与所得だけのはずだ。その場合は、この給与所得の金額がその人の「総所得金額」になる。

9ページ資料0－2の給与所得と計算のイメージ図の（ロ）の部分まで進んできたことになる。

ただ、所得税はこの総所得金額に税率を掛けて求めるのではない。もし、そうだとすると、所得税は所得という「物」に着目して課税する税金ということになるが、所得税の基本的性格はそうではない。その所得を得た「人」の人的事情を考慮して課税する「人税」なのである。同じ500万円を得ても、独身者と家族を養っている者とでは税金を負担できる能力はだいぶ違うはずだ。それを無視して一律に課税するのは、所得税の基本理念に違反することになる。だから、それぞれの事情を加味して、異なった「所得控除」を適用することで、公平になるよう工夫している。

そこで、所得税は「総所得金額」から「所得控除」を引いた「課税総所得金額」に税率を掛けるのである。このことを踏まえて、資料0－2および次の式の（ハ）のところまで進もう。

給与収入（イ）－給与所得控除＝給与所得の金額……①
他の所得……②
①＋②＝総所得金額（ロ）
総所得金額（ロ）－各種の所得控除＝課税総所得金額（ハ）……③
③×税率

では、どのような事情を配慮しているのか、所得控除といわれるものの具体的内容をみてみる必要がある。

「最低生活費」は年間所得38万円！

元気に働くためには、何よりもまず最低限の生活費は必要だ。憲法は最低限の生活費をすべての国民に保障しているので、生活に困窮している人にはそれに相当する額の生活保護を支給しなければならない。

この最低生活費とは一体いくらなのだろう？　生活保護法により支給される生活扶助だと、地域差はあるが、単身者でも年間90万円程度（住宅扶助などは別）の金額となる。

所得税で最低生活費を配慮するための所得控除が基礎控除という制度であるが、所得税ではわずかに38万円しか保障していない。38万円で人間としての健康で文化的な生活が確保できるのだろうか。

この基礎控除は昭和40年代頃までは生活扶助額より高かったが、生活扶助が毎年引き上げられていったのに対して、基礎控除額は数年に一度しか見直しが行われなかった。そのために、ついに１９７７（昭和52）年から生活扶助と逆転しはじめ、今日では生活扶助基準額の50～60％にすぎなくなっている。

１９７７年以降の改正を示すと次のようになる。

77〜82年　29万円
83年　30万円
84〜88年　33万円
89〜94年　35万円
95年〜　38万円

95年から15年間ずっと38万円に据え置かれていることになる。生活に困窮している場合は約90万円まで非課税で受給できるのに、自分で稼ぐと38万円以上になったら課税されるのである。どこかおかしい。

もっとも、サラリーマンの場合、必要経費といえる給与所得控除の最低額が65万円なので、これも合計すると合計１０３万円までは課税されないですむと考えることもできるかもしれない。でも、１０３万円は収入金額であり、この中から仕事のためにも支出するのだから、すべてを生活費に使えるとは限らない。

〈資料3-1〉　所得税の課税最低限の国際比較<給与所得者>（未定稿）

（2008年7月現在）

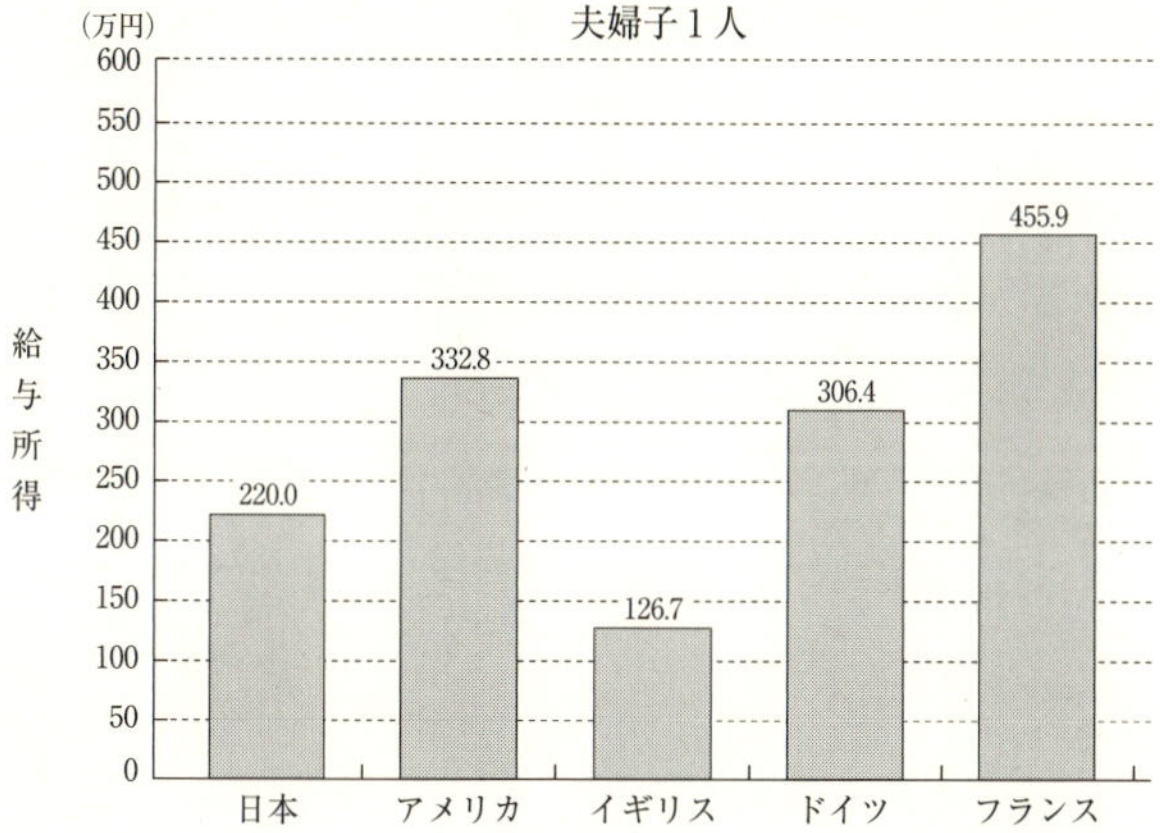

出所）財務省HPより

　サラリーマンには給与所得控除があるので、サラリーマンの課税最低限を国際比較しても外国より高めに見える。旧大蔵省はこのことをずいぶん利用し、マスコミもそれにのって、日本の課税最低限はかなり高いという報道を繰り返してきたのである。ところが、ここ数年その声が出なくなった。なぜか？　それは、サラリーマンで比較しても、日本の課税最低限がもはや国際的に高いとはいえなくなってきたからである。

　資料3－1を見るとわかるように、サラリーマンの課税最低限の国際比較をすると日本が5国の中でイギリスに次いで低くなってしまった。欧米諸国ではすべての国民ために基礎控除等を物価などに調整して引き上げてきたが、日本は全く引き上げてこなかったためである。基礎控除はすべての納税者に影響するので、その引き上げは相当な減収につながる。だからこの部分は手をつけたくないのである。繰り返し述べてきたが、サラリーマンは、38万円の基礎控除に65万円の給与所得控除を加えた103万円の収入までは課税されないが、単身の事業所得者や雑所得者は、収入から必要経費を引いた所得が38万円を超えると課税される。すべての国民に適用されるこの基礎控除だけの国際比較をしたら日本の低さにみなびっくりするはずだ。

高額所得者の税率は大幅に引き下げてきたのに、低所得者への配慮はこの間怠ってきたことの象徴である。広く薄く課税することで、格差は一層強まったようだ。

(2) 子どもと両親の扶養控除

子どもにもある「103万円の壁」

子どもを育てるためにはいろいろと費用がかかる。憲法が「健康で文化的な最低限の生活」をすべての国民に保障しているのだから、子どもたちに必要な最低限の費用を国が出してくれてもよいかもしれない。

もっとも、「直系血族及び兄弟姉妹は、互に扶養をする義務がある」（民法８７７条）し、また親が子どもを自分の所得で扶養するのはごく自然なことでもある。だから各家族はまず家庭内で助け合って生きていくのである。そうであれば、国は、国に代わって最低限の費用を支出している親たちの努力を無視するわけにはいかない。そこで、所得税法では、「扶養親族」に該当する子どもがいる場合には、「扶養控除」として一定の金額を親たちの総所得から控除できるようにしたのである。

では、どのような子どもが扶養親族になるのだろうか？

まず、①配偶者以外の親族（６親等内の血族及び３親等内の姻族）か都道府県知事から養育を委託された児童（いわゆる里子）である必要がある。親族でなければならないから、内縁の子を実際に扶養していても対象にならない。実際に扶養しているなら、そのぶん担税力が減っているのだから、控除を認めるべきであるようにも思えるが、裁判所はこれを否定している。

次に、②納税者と「生計を一」にしていること。「生計を一」というのは、一般に「財布は一つ」という意味で理解されている。ふつう同居していればそう考えられるが、必ずしも「同居していなければいけない」という意味ではない。子どもが勤務、修学、療養等のために同居していなくても、休みになると帰省し、生活費、学資金などの仕送りを受けている場合には「生計を一」にしていることになるのである。

大学に通うために下宿している子どもなどは、だから、原則として扶養親族になる。ただ、この子が勉強せずにアルバイトにばかり精を出しているとどうなるのだろう。その場合は、③「その子の年間の合計所得金額が38万円以下であること」という条件に引っかかる。

ここで気をつけてもらいたいのは、この38万円は「所得金額であって収入金額ではない」という点である。収入が５００万円あっても必要経費が４７０万かかっている場合は、所得金額は30万円となり、扶養控除の対象になるのである。ただ、通常、学生アルバイトは雇用労働であろうから、サラリーマンと同様に給与所得になる。給与所得の場合は、収入金額から給与所得控除額を控除した差額が所得金額である。給与所得控除は最低でも65万円保障されているので（95ページ参照）、X－65万円＝38万円となり、収入に直すとX＝１０３万円ということになる。「１０３万円の壁」は、後述の配偶者だけではなく、子どもにもあるのである。

もし、子どもが親の仕送りだけでは足りずにバイトに明け暮れると、扶養控除が適用されなくなるおそれが出てくる。大学生の子どもの場合だと63万円（後述）も控除できる扶養控除が適用されなくなり、親の税負担が増大する。親の給与額によって差はあるが、一般的には税額が６万３０００円から12万６０００円程度は増えることになる（税額の計算は後述する）。だから、子どもにもこの「壁」は注意するようアドバイスしておいた方がいい。この壁を越えるなら、増税分以上稼げ、親を頼るな、というほかない。

読者の中には、子どもから、「バイト先で１３０万円までは大丈夫」といわれた、という人がいるかもしれないが、それは子どもたちの誤解だ。１３０万円というのは、子ども自身に所得税がかからない基準のことだからである。年収１３０万円だと、最低給与所得控除額65万円を控除した差額が65万円となる。合計所得65万円までの学生には「勤労学生控除」という控除が適用されるので、65万円からこの勤労学生控除27万円を引き、さらに基礎控除38万円を引くと、この子の「課税所得」はゼロになる。だから所得税の負担はなくなる、という意味だ。しかし、１０３万円を超えると親の扶養親族から外れるので、親の税額は増えるのである。

④最後に、サラリーマンの子どもには関係ないが、親が事業をやっている場合等には、子どもたちを従業員（事業専従者という）にしていないことが必要である。

さて、右記の４つの要件に該当していると、原則として１人につき38万円、その年の12月

31日現在の年齢が満16歳以上満23歳未満の子どもについては1人につき63万円が控除される。

以前、筆者は子どもの誕生年をうっかりまちがえて、63万円で申告をしてしまったことがある。後日修正申告をしたが、加算税を払わされ、おまけに、周りの女性陣から「子どもの誕生日や誕生年をまちがえる男なんて、サイテー」と罵倒されてしまった。だから、子どもの年齢及び誕生日の確認をゆめゆめ怠ってはならない。

なお、子どもが特別障害者である場合には、控除額が35万円引き上げられ、16歳未満の場合は73万円、16歳以上満23歳未満の場合は98万円になる。ただし、同居していなければならないので、施設に預けている場合には、この割り増しの対象にならない。

離婚したらどちらが子どもの扶養控除を受けられるか

ところで、夫婦が離婚した後、子どもは母親が引き取り、養育費は父親が払うような場合、扶養控除はどちらに適用されるのだろう？　理屈では、父親が支払っている金額は所得の移転であるから、父親の所得をその分減らして母親の所得として加算し、その上で母親の方に扶養控除を適用するのが望ましいかもしれない。そうすれば、父親も離れて暮らす子どものために送金しようという意欲もわいてくるのではないか。

しかし、日本では、そのような考え方を採用しておらず、父親の養育費はあくまでも私的支出であって所得税の計算には基本的に関係がない。そこで、父親も母親も子どもを扶養していることになり、双方が扶養控除を適用したいと考えることになる。そこで、こんな問題が発生した。

母親が、別れた夫との間にできた子どもを扶養親族として申告していた。しかし、税務署は、離婚した父親も子どもを扶養親族として申告していたため、所得の多い父親の方に扶養控除を適用して、母親の方には適用しなかったのである。そこで母親が国税不服審判所に審査請求をした。

たしかに、子持ちの共稼ぎ夫婦の場合、ふつうは所得の多い方の扶養親族にする。その分、払う税金が少なくてすむからである。具体的にいうと、たとえば、課税所得が２０００万円の人の扶養親族になれば、この人の所得は扶養控除額38万円分減るが、税率40％の部分が38万円減ったことになるので、税額に換算すると約15万円安くなる。これに対して、課税所得が３００万円の人の扶養親族にした場合、その人から38万円控除しても、税金は10％の３万８０００円分しか安くならない。そのため、夫婦共稼ぎの子どもの場合は、所得の多い方の扶養親族として申告する方がいい。

しかし、離婚した場合はこうはいかない。父親と母親それぞれに適用できる方がいいに決まっている。先の母親の訴えについて国税不服審判所は、母親の方が父親よりも先に勤務先に扶養控除等申告書を提出していた事実を認め、母親に適用すべきだとした。

たしかに、法律の規定を見ると、「既に1の居住者が申告書等の記載によりその扶養親族としている場合には、当該親族は、当該居住者の扶養親族とする」となっており、既に提出されているのかがわからないときにはじめて「合計額の見積額が最も大きい居住者」の扶養親族にすると書かれている。しかし、この論理によると、離婚後は扶養控除等申告書を早く出した者勝ちということになる。離婚後も殺伐とした関係になることを助長しているような気がする。

親族の扶養控除は年金額しだい

両親等の親族を扶養している場合は、子どもの場合と同様の要件を満たしていることが重要になる。

親が年金を受け取っている場合は、年金控除が最低70万円保障されている（226ページ参照）。そのため、年金収入金額であるXから70万円を引いた金額が38万円以下であるためには、Ｘは１０８万円ということになる。しかし、年金受給者でこれほど低額の人はいないだろうから、扶養親族に該当する親はいなくなる。そこで、現在は特別に65歳以上の人に対する最低保障を１２０万円としているので、65歳以上の親族の場合、年金が１５８万円までの親族を扶養しているなら38万円を控除できることになる。なお、遺族年金は非課税だから、この年金収入に入れる必要はない。

親族がその年の12月31日に満70歳以上に達する場合は、控除額が48万円になる。その親族と同居している場合には、さらに10万円アップして58万円、その親族が特別障害者である場合には、さらに35万円アップして93万円を控除できることになる。

田舎に住む両親に仕送りをしている場合も、当然扶養控除の対象になる。本当に送金しているのか事実関係を確認される場合もあるから、振込の明細書など証明できるものを用意しておいた方がいい。

また、兄弟姉妹で親に仕送りをしている場合、離婚後の夫婦の場合と同じように、扶養控除を適用できるのは１人だけである。申告書を早く提出した者に適用されるのが原則ということになるが、兄弟間で仲良く話し合って、一番所得の多い人の扶養親族にするのが税金上は最も合理的である。

〈資料3-2〉 扶養人員の推移

区分		平成18年分	平成19年分	伸び率
給与所得者数	(a)	(千人) 41,311	(千人) 41,387	(%) 0.2
うち扶養人員のある者	(注) (b)	16,808	16,968	1.0
割合	(b)／(a)	(%) 40.7	(%) 41.0	—
扶養人員	配偶者数	(千人) 11,264	(千人) 11,392	1.1
	扶養親族数	23,715	24,002	1.2
	計 (c)	34,979	35,394	1.2
1人当たりの平均扶養人員	(c)／(b)	(人) 2.08	(人) 2.09	—

(注) 1年を通じて勤務した給与所得者のうち、年末調整を行った者。

出所)「民間給与実態統計調査結果平成19年」国税庁HPより

ところで、子どもや親などの扶養控除が実際にどの程度利用されているかをみると、4500万人のサラリーマンの中で約1600万人が配偶者控除もしくは扶養控除を適用している。平均扶養者数は2・09人なので、夫婦子ども1人という家庭が多いのであろう（資料3－2）。確定申告している納税者823万人では扶養者ゼロが過半数を占めているが（資料3－3）、これは、家族が事業専従者などになって、所得を得ているためと推測される。

（3）配偶者控除

〝内助の功を評価〟は誤解

夫婦が共に働いて所得がある場合には、それぞれに所得税の納税義務がある。

しかし、子育てその他の理由で夫婦のどちらかが仕事を辞めて家にいるようになったら、所得税はどうなるのだろうか。たとえば、妻が家にいる場合、会社からの給料は夫がもらってくる。この給料は法律上誰のものなのだろうか？

給料袋で支給されていた時代には、夫が妻に給料袋を渡し、それを開封した妻が「あら、少ないわね」とつぶやき、夫はギクっと小さくなり、その後で、妻が「はい、あなたの今月のお小遣い」といって渡してくれると、夫はつい口走ってしまったのである。「あ、ありがとう！」。

　このように夫が給与の所有権を事実上喪失することで、女性に対する社会的差別が、家庭内で緩和されてきたのかもしれない。給与のほとんどが銀行振込になった現在では、通帳を妻に握られることで給料の所有権を喪失

〈資料3-3〉　扶養人員別納税者の構成割合
（申告者のうち）

控除対象配偶者及び扶養親族の数	納税者数	構成割合
	（千人）	（%）
なし	4,266	51.8
1人	2,571	31.2
2人	807	9.8
3人	412	5.0
4人	133	1.6
5人	35	0.4
6人以上	9	0.1
合　計	8,233	100

出所）「申告所得税標本調査結果平成18年」国税庁HPより

している男性サラリーマンが多いだろうが、これはあくまでも事実上の問題にすぎない。民法上は、婚姻期間中といえども、夫が得た給与は夫だけのもの、妻が得たものは妻だけのものである。

だから日本の税法でも、給与を得た者だけを所得税の納税義務者にしている。そうすると、家族それぞれの「健康で文化的な最低生活費」は、給与を得た者の給与から支出されていることになる。所得税法はそれを配慮しなければならない。

夫の方が働いている場合で考えてみよう。まず、夫自身の分は「基礎控除」として、次に、子どもや親の分は「扶養控除」として、夫の給与所得から控除する。妻はどうする？　妻はいくら怖くてもモンスターではなく、やはり人間である。だから「健康で文化的な最低生活費」を必要とし、それを夫名義の給与から受けていることになる。そこで、この分も控除しなければならない。それが配偶者控除である。これは、子どもたちの扶養控除や本人の基礎控除同様、健康で文化的な最低生活費には課税できないという憲法上の原理から設けられたものなのである。

配偶者控除は妻の「内助の功」を評価したものではないか、という意見もあるかもしれないが、それは誤解である。かつて日本では、配偶者は子どもと同じく扶養控除の対象だった。

配偶者控除が導入されたのは１９６１（昭和36）年であるが、当初は配偶者控除の方が扶養控除より少し高めに設定された。このとき、その根拠として「内助の功」が使われただけである。１９７４（昭和49）年に扶養控除と配偶者控除額が同額になったので、この根拠はなくなった。配偶者控除も基礎控除も扶養控除も、「健康で文化的な最低生活費に課税しない」ための制度なのである。

しかし、なぜか、配偶者控除はジェンダー論者から目の敵《かたき》にされる。「働かないということを税制上優遇する」制度とか「専業主婦の夫を優遇する」制度と理解され、その廃止を求める意見が存在するのである。

筆者もこうした意見を主張する集会に、かつて〝悪役〟として出席をしたことがある。「配偶者控除など廃止しましょう」とジェンダー論者が発言すると、会場は割れんばかりの拍手。「それは、ちょっと問題があるんじゃないですか」と筆者が発言すると、会場はシ〜ン。この世から抹殺すべき差別論者を刺し殺すかのような厳しい視線。しかし、誤解は解かねばならない。配偶者控除という名前がまずいなら変えるのはよい。だが、健康で文化的な生活費を無視してもいいかのような主張に譲歩する気はない。

筆者は、配偶者控除については基本的に必要だと考えている。しかし、配偶者控除に全く問題がないわけでもない。何よりも、その適用要件が問題である。配偶者控除は、配偶者が一定金額以下の所得しかない場合に限って、他方の配偶者の所得から一定金額を控除できるという制度である。現在の所得税法では、その金額の基準が38万円とされている。所得金額が38万円なので、扶養控除の場合と同じように、収入に直すと１０３万円となる。出産育児一時金や育児休業基本給付金等は非課税となっているので、これらは収入金額に含めなくてもいい。

しかし、収入金額が１０３万円を超えると配偶者控除額が一挙にゼロになり、給与を得ている者の税負担が一挙に増えるので、多少の収入増ではかえって手取額が減少してしまう。このため１０３万円以下に収入を抑えるという現象が生じ、これが俗に「１０３万円の壁」と呼ばれる弊害を生み出した。女性の社会進出、女性労働の賃金向上に非常に悪い影響を与えてきたのである。これは、まさに税法上の制度が生み出した弊害であり、しかも所得が増えるとかえって手取りが減ってしまうという、所得税法上あってはならない現象を生み出してしまったのである。

〈資料3-4〉　配偶者控除の図　（平成20年10月現在）

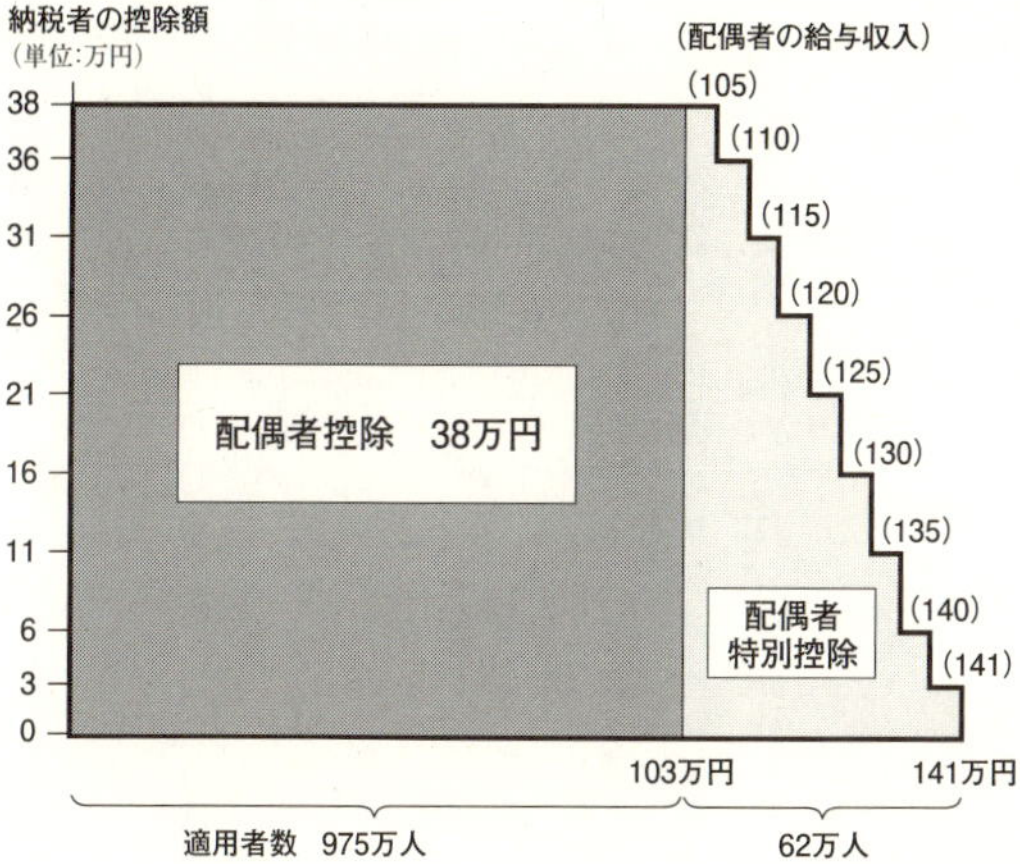

出所）財務省HPより

配偶者特別控除

このような弊害を避けるためには、消失控除方式（一定額を超えても控除額を一挙にゼロにするのではなく、増えた分だけ控除額を減らしていく方法。これだと手取額がかえって減少するという事態はなくなる）を導入すべきこと等が指摘され、ようやく１９８７（昭和62）年の配偶者特別控除制度を通じてこれが実現したのである。

資料３－４からわかるように、39万円の所得になると、たしかに配偶者控除額はゼロになるが、代わりに配偶者特別控除というものが適用されるので、配偶者控除と同額の38万円が控除され、所得税が一挙に増えるようなことはなくなっているのである。この特別控除は、配偶者の所得が75万円（給与収入なら１４０万円）以下までの場合に、少しずつ減額されながら適用される。だから、75万円を超えると適用されなくなるが、一挙に税金が増えて手取りが減るようなことはない。なお、夫（もちろん妻が働き、夫が家事をしている場合は妻）の所得金額が１０００万円、給与収入に直すと約１２３２万円を超えた場合には配偶者特別控除が適用されない。

したがって、現行税法についていえば、もはやパートの収入を１０３万円に抑える必要はなくなっているのである。にもかかわらず、社会には相変わらず「１０３万円の壁」が存在している。その原因として、税法に対する誤解、社会保険負担の問題もあるが、最大の問題は、第1章で説明した、会社の家族（配偶者）手当である。家族（配偶者）手当の支給条件に、税法上の配偶者控除の要件をそのまま使っているのである。この点については、組合関係者も手当の支給条件のあり方を会社と交渉し、再考すべきであろう。

夫婦で所得を折半したら

あるいは、いっそのこと、夫婦の所得は夫婦で協力して得たものだから、夫婦の所得を合計してそれぞれが半分ずつ取得したものとして税金を計算するというのはどうだろう。これ

〈資料3-5〉　主要国における課税単位の概要（未定稿）

（2008年1月現在）

	日　本	アメリカ	イギリス	ドイツ	フランス
課税単位	個人単位課税	【選択制】 個人単位課税 夫婦単位課税（注） （注）申告の状況に応じた税率表を適用することで、実質的に「2分2乗制」（均等分割課税）となっている。	個人単位課税	【選択制】 個人単位課税 夫婦単位課税 「2分2乗制」（注） （注）夫婦の所得を合算して均等分割課税を行う。	世帯単位課税 （N分N乗制）（注） （注）夫婦および子供（世帯）の所得を合算して、分割課税を行う。 〈分割の際の除数〉 ・単身者　…1 ・夫婦　…2 ・夫婦子1人　…2.5 ・夫婦子2人　…3 以下子1人毎に1を加算
財産制度	夫婦別産制	夫婦共通財産制の州と夫婦別産制の州あり	夫婦別産制	夫婦別産制（注） （注）原則別産制。財産管理は独立に行えるが、財産全体の処分には他方の同意が必要。	夫婦共通財産制

出所）財務省HPより

は「夫婦２分２乗方式」といわれるもので、ドイツなどで採用されている。

たとえば、片稼ぎ世帯の場合、夫の所得が１０００万円だとすると、夫婦がそれぞれ５００万円ずつ取得したものとして税金を計算して申告するのである。そうなると、配偶者控除を使う必要などなく、夫婦それぞれに所得があるのだから、そこから基礎控除を引けばいいことになる。資料３－５をみればわかるように、税制に関する限り、欧米は必ずしも個人主義ではなく、このような制度を通じて、家族という単位を重視していることがわかる。

日本の場合は、夫婦であっても課税上は個人単位なので、夫の所得は夫の所得、妻の所得は妻の所得として税額を計算する。しかし、民法は夫婦で婚姻中の財産のあり方を決める夫婦財産契約というのを認めている。この契約は婚姻届を提出するまでに法務局に登記をしなければならないので、日本ではほとんど活用されていない。そりゃ、そうだ。結婚前の燃え上がっているときに財産契約を締結するなんてふつうの人には想像がつかないからだ。

でも、この契約を締結して、結婚している間の所得は夫婦で折半することにしたらどうなるのだろう。残念ながら、最高裁は、その場合でも働いている者（通常は夫）の所得であるという。なぜなら働いた者しか報酬を請求できないので、まず、いったん働いた者に所得として流入し、それを夫婦で契約に基づいて分けているにすぎないからだ、というのである。だから、夫婦財産契約を締結しても2人で稼いだことにはならず、働いている者が家事労働をしている者に贈与したことになりかねない。

そう危惧していたら、最近、税務署は、このような契約に基づく財産の移転は贈与として贈与された方に課税することを明らかにした。だから、夫婦財産契約は、お勧めできなくなった。所得を分割できて所得税が減るわけでもなく、それどころか、贈与税が課されることになるからだ。

　こうして、民法が用意した夫婦財産契約という制度は税金を通じて、実質的にも崩壊してしまったのである。

　なお、配偶者控除の対象となるのは、「配偶者」だから法律婚の届け出がなされていなければならない。内縁関係の場合は適用されないという問題は扶養控除の場合と同様である。

　年末調整のデータからすると、配偶者控除は年末調整をした4100万人のうちの1100万人が利用しており、約25％が適用していることになる（資料3－2参照）。ところが、特別控除となると85万人と全体のわずか2％ということになる。1100万人のサラリーマンの配偶者たちが103万円以下に収入を抑え、85万人のサラリーマンの配偶者たちが103万円～140万円以内の収入ということだが、この数字を見ても、「103万円」はなお相当厚い壁になっているようである。

（4）医療費と保険料

医療費控除は10万円以上に適用

子どもたちが病気になったり、親の介護が必要になったりするとさまざまな費用がかかる。これらの支出を家事費だからという理由で、税金面で無視してよいはずがない。家族を守るサラリーマンにとって、真っ先に支出せざるを得ない費用だからだ。しかし、通常必要な医療費は基礎控除の中に含まれているとされ、**10万円を超えた医療費分のみが医療費控除の対象となる。**38万円の基礎控除はずいぶん便利な〝道具〟で、ドラえもんのポケットみたいにいろいろなものが含まれていることになる。

医療費控除は会社が行う年末調整では控除されていないので、確定申告をしなければならない。確定申告で控除できる医療費控除がどの程度あるかを確認するためのポイントを示しておこう。

①医療費は自分の医療費だけではない、ということに留意する必要がある。自己または自

己と生計を一にする配偶者やその他の親族のために支払った医療費であれば、自分の申告で控除できる。親元を離れている子どもが通院などをしている場合、子どもに病院の領収書を受け取らせておくことを忘れてはならない。

②その年の１月１日から12月31日までの間に支払った医療費でなければならない。

③実際に支払った医療費の合計額から、保険金などで補填される金額を差し引くこと。そりゃ、そうだ。保険で穴埋めされているのに、所得から控除するのは不合理だ。ただし、（ア）死亡したこと、重度障害の状態となったこと、療養のため労働に服することができなくなったことなどに基因して支払いを受ける保険金、損害賠償金等、（イ）社会保険または共済に関する法律の規定により支給を受ける給付金のうち、健康保険法の規定により支給を受ける傷病手当金または出産手当金その他これらに類するもの、（ウ）使用者その他の者から支払いを受ける見舞金等（医療費の補填を目的として支払いを受ける給付金を除く）などは控除する必要はない。

④支払った医療費の合計額が10万円（ただし、その年の総所得金額等が２００万円未満の人は、総所得金額等の５％）を超えた部分だけが控除の対象となる。しかも、２００万円が上限である。だから、医療費を２１０万円以上支出しても税法上は無視される。

⑤確定申告書を所轄税務署長に提出しなければならず、その際に、医療費の支出を証明する書類と給与所得の源泉徴収票（原本）を添付しなければならない。

医療費の範囲

控除の対象となる「医療費」とは何なのだろうか？　医療費に該当するかどうかを見分けるポイントは、病気になった者の「治療」に必要か、という点であろう。だから、病気を予防するための支出や現状維持のための支出は原則として医療費にはならない。健康食品や眼鏡・コンタクトレンズ代などが対象にならないのはそのためである。他方で、たとえば出産などのように病気とは言い難いものもあるが、医師による診療等が必要なので、出産関係の費用は医療費控除の対象になる。この「医師による診療」というのも大事なポイントである。医療費控除の対象になるものはわかりにくい点があるので少し整理してみよう。

①医師または歯科医師による診療または治療

まず、医師や歯科医師という資格者による病気の診療または治療のための支出であることが必要である。無資格者が行うものはダメだし、医師が関わっていても、先に述べたように病気予防の支出はダメである。この観点から、可能なものとそうでないものを分けると、次のようになろうか。

×無資格者による民間治療
×カイロプラクティクによる施術費用
×健康維持のためのマッサージ代やはり代
×ホクロを除去するための手術費用
×人間ドックの費用（ただし、健康診断の結果、重大な疾病《しっぺい》が発見された場合は別）
×メタボ対策のためのスポーツ施設利用料
×無痛分娩講座の受講費用
×空気清浄機の購入費用
×防ダニ寝具の購入費用
△特定保健指導の指導料（高血圧症、脂質異常症または糖尿病と同等の状態であると認められる人に対する、医師の指示に基づき行われる積極的支援は○、それ以外は×）
△歯列を矯正するための費用（歯列矯正が必要と認められる場合の費用は○。容姿を変えるためのものは×）

△医師による妊娠中絶の費用（母体保護法の規定に基づいて医師が行う妊娠中絶に係るものは○。それ以外は×）
△B型肝炎ワクチンの接種費用（医師によるB型肝炎の患者の治療の一環として行われたものは○。予防接種は×）
△眼鏡代（医師の治療を受けるため直接必要なものであれば○、それ以外は×）
△寝たきりの者のおむつ代（医師による「おむつ使用証明書」があるものは○、それ以外は×）
△注射器の購入費用（治療に直接必要なものは○、それ以外は×）
○金やポーセレンを使用した歯の治療費（保険の対象にはなっていないが、一般的な治療の範囲内）
○妊婦の定期検診のための費用、出産後の検診費用
○不妊症の治療費・人工授精の費用
○オルソケラトロジー（角膜矯正療法）による近視治療費用

②治療または療養に必要な医薬品の購入

医師の処方や指示がなくても医療費控除の対象となるのが、医薬品の購入代である。なお、医薬品に該当するものであっても予防のためや健康増進のためのものはやはり除かれる。

この観点から区分してみると次のようになる。

×食事療法に基づく食品の購入費用

△漢方薬やビタミン剤の購入費用（治療・療養に必要なものは○、それ以外は×）

○薬局や薬店などで市販されているかぜ薬代

③病院、診療所、指定介護老人福祉施設、指定地域密着型介護老人福祉施設、助産所へ収容されるための人的役務提供費用

医師による診療等を受けるための通院費、入院もしくは入所の対価として支払う部屋代、食事代等である。入院の対価であれば対象になるが、それ以外のものは入院に関して生じても対象にならない。この観点から区分すると、次のようになる。

×入院のための寝具や洗面具等の購入費用

×長期入院中の者の年末・年始の帰宅旅費

×転地療養のための費用

×湯治の費用
×医師やナースセンターに対する贈物の購入費用
×自家用車で通院する場合のガソリン代等
×病院に支払うテレビや冷蔵庫の賃借料等
×お産のために実家へ帰る旅費
△差額ベッド料（病状により個室を使用する必要がある場合や、病院の都合で使う場合などは○、それ以外は×）
△病院に支払うクリーニング代（病院が用意したシーツや枕カバーのクリーニング代等は○、私物についてのは×）
△遠隔地の病院において医師の治療を受けるための旅費（近くの病院で治療できないときは○、それ以外は×）
△患者に付き添う家族の交通費（子どもの母親の場合などは○、それ以外は×）
○患者自身の通院費
○病院に収容されるためのタクシー代
○入院患者の食事代（ただし、出前などはダメ）

○介護老人保健施設における施設サービスの対価（介護費、食費及び居住費）
○指定介護療養型医療施設におけるサービスの対価（介護費、食費及び居住費）
△しかし、特別養護老人ホームの場合は、施設サービスの対価の半分しか対象にならないことに留意。

④あん摩マッサージ指圧師、はり師、きゅう師等に関する法律に規定する施術者または柔道整復師法に規定する柔道整復師による施術

これは特に難しい問題はないだろう。

⑤保健師、看護師または准看護師による療養上の世話

これも医師の場合と同じように、このような資格を持っている人の療養行為が原則であるが、有資格者に限定されているのかというと、そうではない。有資格者以外でも療養上の世話を受けるために「特に依頼した者」から受ける療養上の世話も、ここに含まれる（所得税法基本通達73－6）。「特に依頼した者」とは、有資格者に依頼することができない状況にある場合に、その代わりに特に依頼した人（原則として家政婦等人的役務の提供を業とする者）のことをいうのだそうだ。だから、介護をしてくれた親族に支払う謝礼は、医療費控除の対象とはならない。親族による介護の方も税金面で配慮してよさそうなものだが、税法はどうも親族間における対価のやりとりをうさんくさいものとみているようだ。

このような観点から区分すると、次のようになる。

×親族に支払う療養上の世話の費用
×親族が付き添う場合のその親族の食事代（家政婦の場合は○）
×療養中のため家事を家政婦に依頼した場合の費用。家事の依頼はダメなのである。
○在宅療養の世話の費用
○訪問介護の居宅介護サービス費
○家政婦紹介所に支払う紹介手数料

⑥助産師による分べんの介助費用や妊婦や新生児の保健指導費用

これは文字通りなので、特に説明は必要ないだろう、

以上説明してきた費用が（生計を一にする親族の分も含めて）10万円を超えていた場合に

〈資料3-6〉　所得控除の状況

区分	控除適用者数① 平成17年分	控除適用者数① 平成18年分	控除額② 平成17年分	控除額② 平成18年分	控除適用者割合 平成17年分	控除適用者割合 平成18年分	平均控除額②／① 平成17年分	平均控除額②／① 平成18年分
	（千人）	（千人）	（億円）	（億円）	（％）	（％）	（千円）	（千円）
雑損控除	12	13	48	41	0.1	0.2	404	301
医療費控除	1,884	1,956	3,765	3,857	22.7	23.8	200	197
社会保険料控除	7,770	7,749	33,378	33,736	93.7	94.1	430	435
小規模企業共済等掛金控除	531	519	2,390	2,401	6.4	6.3	450	462
生命保険料控除（一般）	6,629	6,554	3,176	3,132	79.9	79.6	48	48
生命保険料控除（個人年金）	910	899	438	434	11.0	10.9	48	48
損害保険料控除	5,132	5,071	361	352	61.9	61.6	7	7
寄付金控除	156	184	269	362	1.9	2.2	172	196
障害者等控除	747	747	2,367	2,376	9.0	9.1	317	318
配偶者控除	2,784	2,749	11,301	11,123	33.6	33.4	406	405
配偶者特別控除	222	225	577	576	2.7	2.7	259	256
扶養控除	2,091	2,071	17,151	16,690	25.2	25.2	820	806
基礎控除	8,294	8,233	31,518	31,285	100.0	100.0	380	380
合計	実8,294	実8,233	106,739	106,363	100.0	100.0	1,287	1,292

（注）「控除適用者数①」欄の「実」は実人員を示す。
出所）「申告所得税標本調査結果平成18年」国税庁HPより

はじめて適用される。年末調整されていないことに注意しよう。サラリーマンが確定申告をする場合の大半は、この医療費控除の適用を受ける場合だ。

実際にどの程度の人が医療費控除を利用しているか見てみよう。医療費控除は、年末調整ではなく、確定申告で行うので、申告者829万人のデータを取り上げてみる（資料3－6）。

これをみると、医療費控除は申告者の約2割に適用されていることがわかる。かなり利用されているといえよう。

なお、事業以外の申告者が83％で、その中の47％が給与所得なので（資料3－7）、約320万人の給与所得者が申告をしていると

〈資料3-7〉　所得金額の所得者区分別構成割合

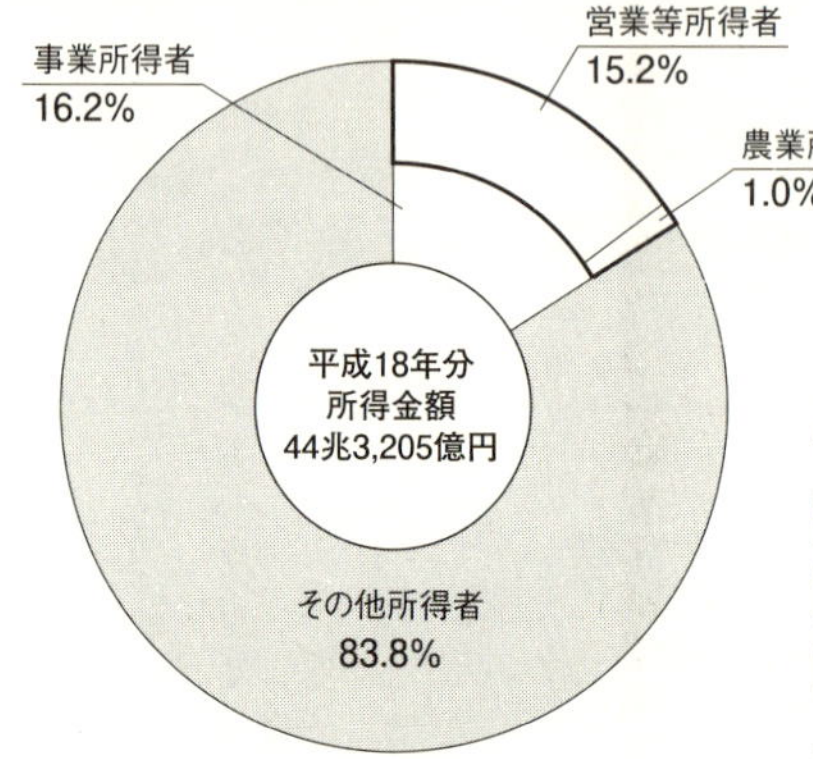

（参考）
その他所得者の所得金額内訳

給与所得	47.5%
不動産所得	17.9%
雑所得	14.1%
分離長期譲渡所得	10.8%
株式等の譲渡所得等	6.2%
その他	3.5%

（注）その他所得者の所得金額（繰越控除前）を100とした場合の構成割合である。

出所）「申告所得税標本調査結果平成18年」国税庁HPより

いうことになる。この中には、年収が２０００万円を超える人のように年末調整を受けていない給与所得者も含まれるので、正確ではないが、年末調整を受けている４１００万人のうちの約７％程度が申告をしているものと思われる。

社会保険料控除

第１章（２）で紹介した社会保険料は、毎月の源泉徴収の際にも計算の基礎から除かれていたが、所得税の計算においても当然所得から控除され、年末調整の対象にもなる。１年間の社会保険料の支払い額全額が所得控除として控除されることになる。なお、**生計を一にする配偶者その他の親族の負担すべき社**

〈資料3-8〉　保険料控除

区　　　分		平成18年分	平成19年分	伸び率
社会保険料控除	控除適用人員	（千人）36,608	（千人）36,900	（%）0.8
	控　除　額	（億円）190,545	（億円）194,395	2.0
	平均控除額	（千円）520.5	（千円）526.8	1.2
生命保険料控除	控除適用人員	（千人）30,874	（千人）30.358	（%）▲ 1.7
	控　除　額	（億円）17,339	（億円）16,969	▲ 2.1
	平均控除額	（千円）56.2	（千円）55.9	▲ 0.5
地震保険料控除	控除適用人員	（千人）—	（千人）6,010	（%）—
	控　除　額	（億円）—	（億円）1,071	—
	平均控除額	（千円）—	（千円）17.8	—

出所）「民間給与実態統計調査結果平成19年」国税庁HPより

会保険料を支払った場合も含めて控除できることに留意しておこう。

資料3－7の申告納税者のうち、ほとんどがこの控除を利用しているが、サラリーマンの場合はどうだろう。4500万件のうちの3690万件だから、約82％の利用に止まっている（資料3－8）。残りの18％の人はパート労働で、夫の方から掛け金が支払われているのではないだろうか。

生命保険料控除

家族のために生命保険に入る。保険金の受取人は配偶者、もしくは子どもたちにするのがふつうだろう。死亡する本人が受取人とされている場合は、亡くなった人の相続財産になるが、相続人たちが受取人となっている場合は、受取人固有の財産になるので、民法上は相続財産ではなくなる。

民法通りに行うと、相続人が受取人になっている生命保険金は相続税を課税できなくなる。そうなったら、相続財産をすべて保険金に変えて税金を逃れる人が必ず出てくるので、税法ではこのような保険金も相続財産とみなして課税することにしている。

この保険金のために毎年払う保険料が生命保険料控除の対象であり、その条件として保険金の受取人が自分か配偶者、もしくは自己の親族に限定されている。だから、離婚後、受取人を元配偶者のままにしていると、配偶者でも親族でもなくなっているので、その期間の掛け金は保険料控除の対象にならなくなる。また、保険期間が5年未満で貯蓄保険のようなものや外国生命保険会社等と国外で締結したものなどは除かれる。

生命保険以外に個人年金保険も対象になる。年金の支払いを受けるまでに10年以上保険料を支払うもので、原則として満60歳になってから支給される年金等である。

支払った保険料全額が控除されるのではなく、生命保険も5万円、個人年金保険も5万円がそれぞれ上限とされ、合計10万円しか控除できない。

減税額に換算すると、1万～2万円のケースが大半であろう。

地震保険料控除

かつて火災などの損害保険料控除というものがあったが、いまは地震保険控除がある。対象となるのは、自分や配偶者その他の親族が所有している居住用家屋について、地震、噴火または津波を原因とする火災、損壊等による損害を補塡する保険金や共済金である。支払い保険料が5万円を超えても5万円が限度とされている。

寄付金控除

寄付金控除というのもある。国や自治体等に寄付したら一定額控除してくれるというものである。

国や地方公共団体に対する寄付のほか、学校法人、社会福祉法人などへの寄付のうち、財務大臣が指定したものについては、寄付金額から5000円を引いた金額を所得から控除できる。ただし、総所得金額の40％が限度である。たとえば、年収1000万円の給与収入がある人は220万円の給与所得控除を引いた780万円が総所得金額になるから、その40％、約310万円までの寄付金が控除できることになる。

でも、３１０万円控除されても、３１０万円減るのは所得だから、給与の年収１０００万円の場合だと、実際の減税効果は31万～62万円程度であろう。

しかし、所得の控除でなく税額を控除してくれる寄付もある。寄付した分だけ税金も減らしてくれるなら寄付してもよい、という人は「政党等寄付金特別控除制度」を利用してはどうだろう。政党または政治資金団体に対する寄付で、政治資金規正法による報告の対象となる寄付をすると、寄付した金額から1万円を控除した金額が、そのまま税額から控除できるのである（ただし、その寄付した人の税額の25％までが限度であるが）。この方が、国や自治体への寄付よりも減税効果は大きい。国や自治体に寄付するより政党に寄付しろ、というのである。それなら、寄付したくなるような政策を実現してほしいものである。

最近では、寄付金控除を拡充して、もっと公益活動への寄付を促し、国の財政支出を減らそうという方向が示されているが、寄付ができるような余裕ある給与がほしい、というのがサラリーマンの実感であろう。

寡婦控除・寡夫控除

配偶者と死別してから結婚していない人や離婚後結婚していない人は、寡婦控除・寡夫控除の適用が受けられるかもしれない。

寡婦の場合は扶養親族がいれば、所得には制限がない。扶養親族がいない寡婦は所得５００万円以下の場合に適用される。給与収入に直すと、約６９０万円以下ならＯＫである。寡夫の場合は、生計を一にする子どもがいることが条件で、やはり所得金額が５００万円以下なら適用される。

男の方が適用条件は厳しいが、労働環境を考えれば当然であろう。

寡婦も寡夫も27万円を自分の所得から控除できる。また、寡婦のうち、子どもを扶養し、所得が５００万円以下の場合は35万円の特例控除額が適用される。

未婚の父や母はどうしてくれるんだ、という不満が出てくるかもしれない。子育て単身者の負担は結婚経験があろうがなかろうが変わりはないからである。内縁関係を解消した場合もそうだ。

しかし、税法は法律婚を前提としてこの控除を設けているので、現行法の解釈としては無理のようだ。でも、一人で子育てする負担を配慮するものであれば、同じにしてもいいのではないだろうか。

地震・盗難・火事などにあったときの控除

災害または盗難もしくは横領によって、自分の資産が損害を受けた場合等には、雑損控除が適用される。給料が盗難にあった場合も一応対象になる。しかし、１年間の総所得金額の10%以上の損失がなければ対象にならないので、１カ月分の給与を盗まれても控除される金額は微々たるものである。たとえば、給与収入５００万円の人の場合、ほかに所得がなければ、総所得金額は３４６万円になるから、約35万円以上盗まれてはじめて適用の対象になるからである。この人がボーナス50万円を盗まれたとしたら、警察に被害届を出して受理証明書を受け、雑損控除が適用されると、50万円－34・６万円＝16・４万円が控除される。しかし、その結果、税金が１万６４００円減るにすぎない。やはり、盗まれないよう用心するに越したことはない。

災害の場合は５万円を超える損失額が所得から控除されるが、所得が減額されるだけなので、減税効果は個々人の所得によって変わってくる。

だから、たとえば自宅が火災にあって時価の半分以上の損失が生じたときは「災害減免法による所得税の軽減免除」を選択した方がよさそうだ。住宅や家財の損害金額（保険金で補塡された分は除く）がその時価の２分の１以上で、かつ、災害にあった年の所得金額の合計額が１０００万円以下の場合、この制度を選択することができ、確定申告することになる。

そうすると、所得金額が５００万円以下（給与しかないサラリーマンだと給与収入約６９５万円程度）の場合は所得税額の全額、７５０万円以下の場合（給与収入約９５０万円程度）は所得税額の２分の１、１０００万円以下（給与収入１２００万円程度）の場合は所得税額の４分の１が控除される。税額から直接控除されるので、減税効果は大きい。

でも、税金を安くしてくれるより、災害救助と災害から立ち直るための資金援助などを充実してくれた方が望ましい。日本の災害救助法制は、基本的に自助努力が前提で、災害にあった人への配慮は十分ではない。

ところで、対象となる災害というのは、

①震災、風水害、冷害、雪害、落雷など自然現象の異変による災害
②火災、火薬類の爆発など人為による異常な災害
③害虫などの生物による異常な災害
④盗難
⑤横領

に限定されている。親が振り込め詐欺に引っかかってしまってもダメである。だまされる

あんたが悪い、というのが税法で、横領までしか認めていない。どう違うかわかるだろうか？　たとえば、不動産の購入を仲介してもらった場合、相手が最初からだますためにこの話を持ってきてお金を持ち逃げしたら詐欺、不動産の仲介をするつもりでお金を預かったが、お金に目がくらんで持ち逃げしたら横領である。被害者にはさっぱりわからない。

害虫などの生物による「異常な」災害も災害に含まれているので、家がシロアリの被害を受けている場合などの駆除費用も雑損控除が受けられる。万一サラリーマンであるあなたが、これらの災害にあった場合には、源泉税の徴収猶予や還付の可能性があるので、税務署に一度確認してみるのがよいだろう。

その他の控除

控除についてはそのほかにも、主として個人事業主のための「小規模企業共済等掛金控除」などもあるが、サラリーマンにはあまり関係ないので省略しておこう。

＊

この章で説明したさまざまな所得控除のうち、適用できるものがあれば、その控除額を合計することになる。

仮にこの合計額が２００万円あったとすると、次のようになる。

給与収入（９ページ資料０－２の（イ））が年間５００万円のサラリーマンの場合、給与所得控除１５４万円を控除した３４６万円が（ほかに所得がなければ）「総所得金額」（同（ロ））であった。そこからこの章で計算した２００万円の所得控除額を引いた差額１４６万円が「課税総所得金額」（同（ハ））となる。これに税率が適用されるのである。その結果、税額がいくらになるのかは次章をみてほしい。

いよいよ年末調整へと進んでいくのである。

第３章のポイント

○所得税＝課税総所金額×税率

（課税総所金額＝総所得金額－各種の所得控除）

○生活に困窮している場合は年間約90万円までは非課税で受給できるのに、自分で稼ぐ場合は所得が年間38万円以上になったら課税される。

○子どもや両親などがいる人が扶養控除を受けるには、その人と「生計を一」にしていることなどが条件になる。

○自分の子どものアルバイト収入が年間103万円を超えると、扶養控除が適用されない。

○親族が受け取る年金が年間158万円までの場合、65歳以上の親族なら38万円、70歳以上の親族なら48万円を控除できる。

○配偶者の給与収入が年間103万円までなら配偶者控除が、年間140万円までなら配偶者特別控除が適用される。

○配偶者控除は、内縁関係の場合は適用されない。

○年間10万円を超える医療費は医療費控除の対象になる。ただし、会社で年末調整してくれないので、自分で確定申告しなければならない。

○社会保険料、生命保険料、地震保険料、寄付金などはそれぞれ所得控除の対象になる。

○配偶者と死別後や離婚後に結婚していない人は、寡婦・寡夫控除の対象になる。

第4章　年末調整の謎

（1）年末調整は必要か

年末調整は会社の義務

サラリーマンの給与は毎月源泉徴収されているが、その額を合計しても、サラリーマンの1年間の所得税額とぴったり一致するわけではない。賞与だって変動するし、家族構成だって年の途中で変わることがあるからだ。

だから、会社はさらに年末に、サラリーマンの源泉徴収税額の調整、いわゆる年末調整をするのである。その際、家族構成、つまり、配偶者控除の対象になる人がいるか、扶養親族がいるかどうかは、年末の時点で判断している（ただし、年の途中で亡くなった場合には控除の対象になる）。だから、婚姻届を出すなら年末、離婚届を出すなら年が明けてから、というのが納税者にとっては合理的だ。子どもも年末に生まれてくれる方がありがたい。

でも、本当に年末調整が必要なのだろうか。サラリーマンがみな確定申告をすればよいだけではないか？　しかし、それを認めてしまうと、確定申告の時期にサラリーマンが税務署に殺到し、大混雑になってしまうというのだ。だから、そうならないように会社に年末調整をさせるというのである。会社が税務署の代わりをするからにはそのための職員を雇い、専門家にも関与してもらわねばならないことになる。しかし、その費用は、会社自身の負担になり、国が補塡してくれるわけでもない。これでは、会社もたまったものではない。

一方、サラリーマンにとってはどうだろう。会社に年末調整してもらうためには、配偶者の有無やその年齢、扶養者との関係、家族構成など、自分の個人情報の多くを会社に知らせなければならなくなる。会社やほかの従業員に知られたくないことはあるし、そうしたことが会社での評価に使われては困る。

しかし、年末調整は会社の義務でもあるので、個人のプライバシーを守ろうとすれば、各種控除をあきらめて、独身者として書類を提出するしか方法がなさそうである。その後で、確定申告で調整できればいいが、年末調整はそれ自体正しく徴収されていなければならない。だから、建前上、個人の申告で調整することはできず、税務署が年末調整の誤りに気づくと、年末調整を是正せよ、と会社にいってくることになる。

しかも、会社が大変な思いをして作成する源泉徴収票も、サラリーマンについては会社の支払った金額が５００万円以下の場合、税務署への提出は不要なのである（地方税のために地方自治体の方には提出しなければならない）。このことは、少額の給与所得は会社と自治体に任せて、税務署は相手にしない、ということなのだろうか。

こうした批判の多い年末調整だが、2002(平成14)年あたりから制度の廃止についての動きが議論されはじめている。その大きな要因は電子申告の普及である。電子申告なら税務署の負担がそう増えることもない。しかし、この電子申告の普及にもかなり時間がかかりそうで、今すぐに年末調整が廃止されることはなさそうだ。

サラリーマンの9割が受けている

年末調整の対象になるのは、年末の時点で、その会社に勤務している社員である。ただし、1月から12月までの給与の収入金額の合計が2000万円を超える場合や、災害減免手続を選択して源泉所得税の徴収猶予などを受けた場合、さらに2つ以上の会社に勤務して他の会社で年末調整を受ける場合などは年末調整されない。その代わり、原則として確定申告が必要になる(本章の(5)を参照)。

年末の時点では勤務していなくても、死亡退職や退職後ほかに就職する予定のない場合、1年以上の海外の支店等に赴任する場合は調整の対象になるが、年末に行うのではなく、退職時や日本から住所を移すときに行われる。

年末調整を受けているサラリーマンはどのくらいの割合になるのだろうか？　それは、１年を通じて勤務した４５００万人の給与所得者のうち４１３０万人で91％になる。申告納税者の数が約８３０万人であるから、その５倍近い人が年末調整を受けていることになる。

（２）年末調整のしくみ

給与の遅配は考慮しない

では、会社において、年末調整がどのような手順で行われるかを概観しておこう。

①まず、その年の１月１日から12月31日までの間に支払うべきことが「確定した」給与の合計額を求める。会社が12月の給料を遅配している場合でも、給与支給日が決まっていれば、給与規程上受け取れる金額を、その年の収入金額に入れねばならない。現実に給与が支払われたときでは必ずしもないのである。もしそうしたら、高額の給与を受けるサラリーマンが高い税率の適用を避けるため、意識的に給与の支給日を会社に延ばしてもらい、税負担の調整が可能になってしまうではないか、という税務署の危惧からこうされているのである。

そんなサラリーマンはほとんどいないはずだし、給与が遅配される場合はむしろ会社が危ないときだ。そのような場合でも、税金だけは確保しておきたい、ということなのである。仮に、１月１日から12月31日までの確定した給与が５００万円だったとして、次に進もう。

②その金額から給与所得控除額を控除して給与所得の金額を求める。94ページの計算式で給与所得控除額を引いて求めるのが原則だが、年末調整の場合には「年末調整等のための給与所得控除後の給与等の金額の表」（資料４－１）を適用する。原則計算とほんの少し異なる場合があるが、計算が省略でき、簡便である。

５００万円の場合に、この表を適用すると、３４６万円という金額となる。

③この３４６万円から扶養控除などの所得控除を差し引くのである。仮に共稼ぎで配偶者控除の適用はなく、小学生の子ども１人を扶養しているとすると、基礎控除38万円、扶養控除38万円の合計76万円を引くことができる。社会保険料も控除可能なので、この合計額が仮に34万円とすると、所得控除額は合計１１０万円となる。３４６万円から１１０万円を差し引くと２３６万円となり、これが「課税所得金額」である。もし所得控除額の合計が１１０

万円ではなく、２００万円になれば、課税所得金額は１４６万円ということになる。これに所得税率が適用されるのである。

超過累進税率

④所得税率は次のようになっている。

所得税率（２００７〈平成19〉年〜）

課税所得		税率
１９５万円以下		5%
１９５万円超	３３０万円以下	10%
３３０万円超	６９５万円以下	20%
６９５万円超	９００万円以下	23%
９００万円超	１８００万円以下	33%
１８００万円超		40%

〈資料4-1〉　年末調整のための給与所得控除後の給与等の金額の表

（平成20年12月現在）

給与等の金額		給与所得控除後の給与等の金額
以上	未満	
（円）	（円）	（円）
4,980,000	4,984,000	3,444,000
4,984,000	4,988,000	3,447,200
4,988,000	4,992,000	3,450,400
4,992,000	4,996,000	3,453,600
4,996,000	5,000,000	3,456,800
5,000,000	5,004,000	3,460,000
5,004,000	5,008,000	3,463,200
5,008,000	5,012,000	3,466,400
5,012,000	5,016,000	3,469,600
5,016,000	5,020,000	3,472,800
5,020,000	5,024,000	3,476,000
5,024,000	5,028,000	3,479,200

出所）「法令データ提供システム」総務省HPより作成

このように、課税所得に比例して税率も上がる累進税率になっているのはご存じの通り。問題はその計算方法だ。

この仕組みを理解するためには、高額所得のサラリーマンを例にした方がいい。仮に課税所得が１８００万円（給与収入だと２２００万円程度の人）の場合の税額を求めてほしい。この場合、１８００万円までは税率が33%になるので、１８００万円に単純に税率33%を掛けて５９４万円が税額であると計算する人が多い。しかし、それはまちがいである。

そのような税率の仕組みを「単純累進税率」というが、この仕組みには重大な欠陥が含まれているからである。

もし、そう計算するなら、１８００万円の課税所得のある人が、たとえば12月31日にさらに１万円稼いでしまったら、どうなるのか。１８００万円にとどめておけば５９４万円の税額になり、１８００万円－５９４万円＝１２０６万円が手元に残るのに、１万円多く稼いでしまったばかりに、７２０万４０００円の税額になり、手元に残るのは１８０１万円－７２０万４０００円＝１０８０万６０００円となって、１３０万円近くも手取りが減ってしまう。

このように多く稼ぐと、かえって手取りが減ってしまうのでは、少しでも多く稼ごうという意欲を失わせる。単純累進税率のこうした欠点を補うには、税率の変わり目で限界掛酌と

〈資料4-2〉　超過累進税率の仕組み（資料1-1の拡大図）

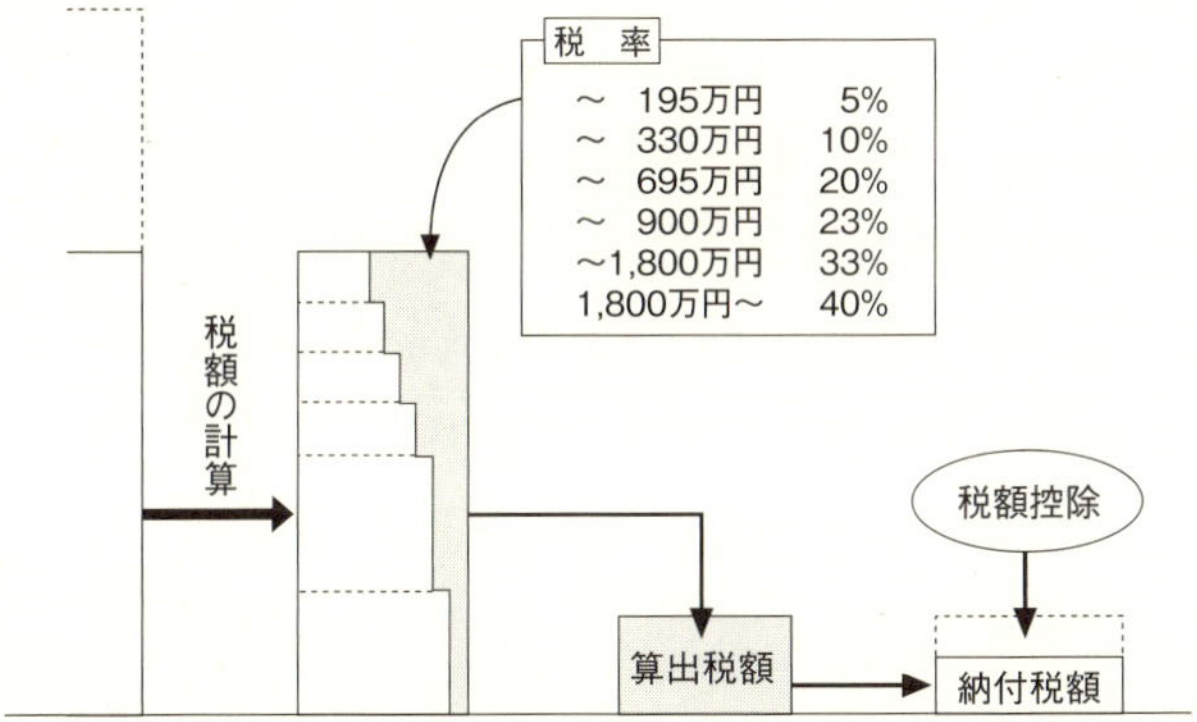

出所）財務省HPより

いう難解なテクニックを使わなければならず、計算が複雑になってしまう。

そこで、所得税には「超過累進税率」という仕組みが適用されている。この税率だと、課税所得金額が１８００万円の場合、次のように計算するのである（資料４－２参照）。

まず、１９５万円までの部分は５％だから１９５万円×５％＝９万７５００円となる。次に、１９５万円から３３０万円の部分である１３５万円が10％なので、13万５０００円。次の６９５万円までの３６５万円が20％なので、73万円となる。さらに９００万円までの２０５万円が23％なので47万１５００円となる。最後に９００万円から１８００万円までの９００万円に33％の税率が適用され２９７

万円となる。

　その結果、課税所得１８００万円の人の所得税は、これらを合計した４４０万４０００円となる。この人の課税所得が仮に１万円増えて１８０１万円になった場合には、１８００万円を超えた１万円の部分だけに40％の税率が適用される。その結果、１万円多く稼いでも４０００円しか所得税が増えないので、ちゃんと手取りは増えることになる。だから、安心して稼いでください、というのが超過累進税率なのである。厳密にいうと、税額計算はこのように積み上げて算出すべきものなのである。

　この超過累進税率を適用した所得税の速算表は次の通りである。

所得税率（速算表）

課税所得	計算式
１９５万円以下	課税所得×５％
１９５万円超３３０万円以下	課税所得×10％－９万７５００円
３３０万円超６９５万円以下	課税所得×20％－42万７５００円
６９５万円超９００万円以下	課税所得×23％－63万６０００円

９００万円超１８００万円以下　　課税所得×33％－１５３万６０００円
１８００万円超　　　　　　　　　課税所得×40％－２７９万６０００円

この表によると、たとえば、課税所得が１９６万円の場合、単純に10％掛けるなら、10％の税額19万６０００円になるが、そこから９万７５００円（１９５万円×５％）を引くことになっているので、その差は９万８５００円となる。１９５万を超えた１万円分だけが、10％の税負担になっていることがわかるだろう。１８０１万円の場合も同様だ。40％の負担になるのは１８００万円を超えた部分だけである。１万円多く稼いで、所得税負担が４０００円増えるだけ（住民税なども考えると、もう少し負担は増えるが）、ということになる。だから、もっと稼いでください、ということなのである。

さて、給与収入５００万円、課税所得が２３６万円のケースに戻ろう。この場合の所得税額は、速算表を使うと、２３６万円×10％－９万７５００円＝13万８５００円ということになる。

しかし、これで終わりではない。

④さらに、住宅ローンなどを利用して住宅を購入した人には、年末調整でこの税額から一定額を控除する。しかし、これは住宅を取得した最初の年度に確定申告をしなければならないので、年末調整で控除されるのは2年目からということになる。これについては確定申告のところでもう少しくわしく触れよう。

⑤最後に、毎月源泉徴収された税額の合計額と13万8500円とが対比され、源泉徴収額の方が多ければ、12月の最終給与支払いのときに差額が還付され、逆に源泉額が少なければ、その分を徴収されることになる。9ページの資料0－2で説明すると、一挙に図の（へ）のところまでできたことになる。

これで、一応年末調整は終わりである。ほかに何も問題がなければ、会社が全部やってくれる。羊たちは何も考えないですむようにされている。ありがたいことではないか。ん？本当にありがたいのは誰だろう？

（3）調整後のやり直し

自分で確定申告もできる

年末調整は12月の給与の支給日（25日頃）に合わせて行うので、12月中旬の状況を基準にして行うことになる。しかし、所得税は12月31日までの所得に課税するものであるし、12月31日の時点で扶養親族の有無などを判断する。そうすると、年末調整後に給与の追加払いや扶養親族等の異動があった場合はどうなるのだろう。

その年のうちに給与の追加払いがあった場合、会社は年末調整のやり直しをしなければならないのである。

また、年末調整後、年内に子どもが生まれたり、保険料を支払ったりした場合には、翌年1月末日までなら会社に年末調整のやり直しをしてもらうことができる。しかし、このような場合は、年末調整自体が誤りであったというわけでもないので、自分で確定申告もできる。勉強もかねて確定申告をしてみてはどうだろう。

（4）源泉徴収のまちがい

想定される2つの原因

年末調整による源泉徴収額がまちがっていることがある。会社がまちがえて計算した場合と、納税者の出した資料がまちがえている場合の2つの原因が考えられる。どちらにせよ、源泉徴収義務は会社の義務で正しく徴収しなければならないので、会社の方で修正しておかねばならない。

会社がまちがって多めに徴収している場合には、会社に直せ、といいやすいが、逆に自分がまちがった資料を会社に提出していたような場合は、会社に直せとはいいにくい。自らの申告で精算した方が楽な気がする。

しかし、こういう場合も、やはり会社に修正してもらうのが建前なのである。税務署もこうした届けがまちがって提出されていることに気づいたときは、サラリーマンから徴収することはできずに、あくまでも会社に正しい税額を徴収し直させる。なんか、やたらと面倒なのである。それは、日本の源泉徴収制度が単純な前払い制度ではないからである。

税務署もまちがえた

源泉徴収制度とサラリーマンの関係は実にむずかしい。慣れているはずの税務署でもまちがえてしまうほどである。そんな一例を紹介してみよう。

Aさんは長らく母親が扶養親族に該当すると考え、「給与所得者の扶養控除等申告書」に母親の名前を記載し会社に提出、会社もそれに基づき年末調整をしていた。しかしその後、税務署が、Aさんの母親はAさんの扶養親族に該当しないと判断し、Aさんに過去3年分の所得税について扶養控除を適用しない税額を求める処分をした。

この処分を不服としたAさんは、母親と同居はしていないが、母親に住宅を提供し、その費用を負担しているので母親は扶養親族になると主張して争った。これに対して、税務署長は、Aさんはたしかに住宅に係る固定資産税及び火災保険料の負担はしているが、生活費の送金は行っていないので、「生計を一」にするものとはいえないと反論した。

国税不服審判所は、生計を一にするかどうかを判断する前に、Aさんは年末調整だけで申告義務のない人だから、仮に税務署長のいうとおりだとしても、Aさんが勤務する会社の年末調整がまちがっていることになる。そうすると会社から不足額を徴収すべきであって、A

さんに直接課税することはできないと判断し、Ａさんにとって予想外の理由でＡさんの主張を認めた（２００６年〈平18〉年11月29日裁決）。

源泉徴収と年末調整は、サラリーマンの納税義務とは別個独立した義務で、年末調整のミスはあくまでも会社に訂正させなければならないのである。

だから、逆にいうと、サラリーマンは会社の徴収ミスを自分の確定申告で精算することもできない、ということになる。すべて、会社を通じてやれ、ということなのである。

サラリーマンの所得税の納税義務と会社の源泉税徴収義務というのは別個の制度だということを改めて確認しておこう。会社が給与から源泉徴収していたのに、税務署に納付していない場合、「会社が払わないなら、お前が払え」と直接請求されることはないのである。徴税の追及を受けるのはあくまでも徴収義務者たる会社であって、サラリーマンの方ではない。仮に自分で確定申告をするときでも、源泉徴収をされた、またはされるべき所得税の額は控除されるから（所得税法１２０条１項５号）、この場合にも、自分が直接徴税されることはないのである。

こういう仕組みになっている年末調整の結果が、年末あるいは翌年はじめに交付される源泉徴収票に示されている。これを機会に一度源泉徴収票を確認しておこう。ふつうは資料４

〈資料4-3〉

平成20年分　**給与所得の源泉徴収票**

支払を受ける者	住所又は居所	東京都杉並区△△町×－××－×	氏名 (受給者番号) －　－　－ (フリガナ) モリオカ　ジュンタロウ (役職名) 森岡　純太郎

種別	支払金額	給与所得控除後の金額	所得控除の額の合計額	源泉徴収税額
給料・賞与	内　6 765 000 円	4 888 500 円	2 275 871 円	内　0 円

控除対象配偶者の有無等 有	無	従有	従無	老人	配偶者特別控除の額 (円)	扶養親族の数(配偶者を除く) 特定 人	特定 従人	老人 内	老人 人	老人 従人	その他 人	その他 従人	障害者の数(本人を除く) 特別 内	特別 人	その他 人	社会保険料等の金額	生命保険料の控除額	地震保険料の控除額	住宅借入金等特別控除の額
○											1					985 871 円	100 000 円	50 000 円	163 700 円

(適要)住宅借入金等特別控除可能額　225,000円　国民年金保険料等の金額　166,200円

妻・明美　子・夏美　居住開始　H14.10.6

配偶者の合計所得	千　円
個人年金保険料の金額	182 000 円
旧長期損害保険料の金額	22 000 円

未成年者	乙欄	本人が障害者 特別	本人が障害者 その他	寡婦 一般	寡婦 特別	寡夫	勤労学生	死亡退職	災害者	外国人	中途就・退職 就職	退職	年	月	日	受給者生年月日 明	大	昭	平	年	月	日
													20					○		46	2	20

支払者	住所(居所)又は所在地	東京都文京区音羽1-16-6
	氏名又は名称	光文産業株式会社　(電話)03－××××－××××

(受給者交付用)

出所）国税庁HPより作成

－3のような記載がなされているはずである。

（5）確定申告が必要な場合

年収２０００万円以上は年末調整されない

会社の年末調整が正しくなされたとしても、確定申告をしなければならない場合もあるのである。次のような場合である。

①まず、その会社での年収が２０００万円を超える場合は、そもそも年末調整がされないから、当然確定申告が必要となる。まあ、こんな人はめったにいないだろうが。

②次に、給与所得及び退職所得以外の所得

が20万円以上ある場合である。副収入から必要経費を引いた所得金額が20万円未満の副業なら、年末調整だけですますことが可能だが、それが20万円を超えたら申告が必要となる。ちなみに、この20万円の中には、確定申告不要制度や源泉分離課税制度の対象となる所得（たとえば、配当所得など）は含まれない。

③給与を２つ以上の会社からもらっている場合はややこしい。まず、２つ目の給与収入と他の所得金額の合計額が20万円を超える場合は確定申告が必要になる（この金額を超えない場合は不要である）。ただし、２つ目の会社の給与が20万円を超える場合であっても、２つの給与合計額が多くないときは（その金額から社会保険料控除額などを差し引いた金額が１５０万円以下になる場合。収入でいうと２００万から２５０万円程度）申告は不要である。

③の場合、２つ目の会社では源泉徴収が乙欄で（72～73ページ資料１－４参照）、通常の源泉徴収より高い金額が徴収されているので、申告したら所得税が税務署から還付されることの方が多いはずである。だから、申告をした方がいいはずだ。

ただ、そうすると、２つの会社の給与も含めて年末調整できるように、主たる会社に副業が知られるおそれもあるので、申告しない人が多いそうだ。しかし、この場合でも法律上は、住民税については申告をしなければならない（次の（６）も参照）。

なお、年の途中で退職して別の会社に再就職したときは、前の会社の源泉徴収票を現在の会社に提出し、２社の給料を合算して年末調整することになる。日本の源泉徴収制度の精緻さがここに現れている。前の会社の源泉徴収票がない場合には、自分で確定申告することになる。

ここまではほかの所得などがある場合だった。

このほかに、年末調整を受け、その会社からの給与以外に所得がなくても、確定申告をした方がいい場合があるのである。

Ａ　多額の医療費を支払ったとき↓医療費控除（１５０ページ参照）
Ｂ　災害や盗難にあったとき↓雑損控除（１６６ページ参照）
Ｃ　寄付をしたとき↓寄付金控除（１６３ページ参照）
Ｄ　特定の支出があったとき↓特定支出控除（１０８ページ参照）

住宅ローン控除

最後に、⑤マイホームを取得した場合についても触れておこう。住宅を持つのはサラリーマンの夢の一つである。だけどローンを組まねばならないのがふつうだ。その利息分を税金から控除してくれるというのが、住宅借入金等特別税額控除制度である。新築だけではなく、その敷地、中古住宅の購入、増改築等、バリアフリー改修工事、省エネ改修工事等も対象になる。

もちろん、どんな家でもよいわけではないが、サラリーマンが購入する程度のものは基本的に対象になると考えていいだろう。控除額も入居した日の税制に応じてさまざまであるが、たとえば、２００８（平成20）年中に入居した場合は、借入金が２０００万円を限度としてその１％つまり20万円が６年間、その後の４年間は10万円、合計１６０万円が所得からではなく税金から直接控除されるというものだった。それが、景気対策の目玉として、２００９（平成21）年改正で大幅に拡充されることになった。予定されている改革は、２００９年から10年間、５０００万円の借入金の１％である50万円まで合計５００万円（一定の優良住宅だと１・２％の60万円、合計６００万円）を限度に、税額から控除してくれるというものである。

〈資料4-4〉

〇〇 税務署長　　FA0014

21年2月16日　平成20年分の所得税の確定申告書A

第一表（平成二十年分以降用）

住所（又は居所）	〒XXX XXXX 東京都〇〇区△△町X-XX-X	フリガナ	モリオカジュンタロウ
		氏名	森岡純太郎 （印：森岡）
		性別 男・女（男）	世帯主の氏名 森岡純太郎　世帯主との続柄 本人
平成　年1月1日の住所	同上	生年月日 3 46 02 20	電話番号 自宅・勤務先・携帯 XX-XXXX-XXXX

受付印　　（単位は円）　　番号　　翌年以降送付不要

収入金額等	給与		㋐	6800000
	雑	公的年金等	㋑	
		その他	㋒	
	配当		㋓	
	一時		㋔	
所得金額	給与		①	4920000
	雑		②	
	配当		③	
	一時		④	
	合計（①+②+③+④）		⑤	4920000
所得から差し引かれる金額	社会保険料控除		⑥	
	小規模企業共済等掛金控除		⑦	
	生命保険料控除		⑧	
	地震保険料控除		⑨	
	寡婦、寡夫控除		⑩	0000
	勤労学生、障害者控除		⑪	0000
	配偶者控除		⑫	0000
	配偶者特別控除		⑬	0000
	扶養控除		⑭	0000
	基礎控除		⑮	0000
	⑥から⑮までの計		⑯	2490392
	雑損控除		⑰	
	医療費控除		⑱	200000
	寄附金控除		⑲	
	合計（⑯+⑰+⑱+⑲）		⑳	2690392

税金の計算	課税される所得金額（⑤－⑳）		㉑	2229000
	上の㉑に対する税額		㉒	125400
	配当控除		㉓	
	（特定増改築等）住宅借入金等特別控除		㉔	
	政党等寄附金特別控除		㉕	
	住宅耐震改修特別控除		㉖	
	電子証明書等特別控除		㉗	
	差引所得税額（㉒-㉓-㉔-㉕-㉖-㉗）		㉘	125400
	災害減免額 外国税額控除		㉙	
	源泉徴収税額		㉚	145400
	申告納税額（㉘-㉙-㉚）	納める税金	㉛	00
		還付される税金	㉜	△ 20000
その他	配偶者の合計所得金額		㉝	
	雑所得・一時所得の源泉徴収税額の合計額		㉞	
	未納付の源泉徴収税額		㉟	
延納の届出	申告期限までに納付する金額		㊱	00
	延納届出額		㊲	000

還付される税金の受取場所			
〇〇	銀行・金庫・組合・農協・漁協	〇〇	本店・支店 出張所 本所・支所
郵便局名等		預金種類	普通・当座・納税準備・貯蓄
口座番号 記号番号			

整理欄					
区分	A B C D E F G H I J K				
異動	年 月 日	通信日付印	年 月 日		
管理					
納管	事績	住民	検算		一連番号

出所）国税庁HPより作成

しかし、この減税の恩恵をフルに享受できるのは、５０００万円もの借金が可能な年収９００万円以上の層にすぎない。もっとも、それだけの借金が今時可能なのかという疑問も出てくるが、まあ、景気回復に少しでも役立つよう期待しておこう。

ここまで読んで、これまでちゃんと申告していたら所得税が還付されたかもしれないことに気づいてしまった、そんなときはどうしたらいいのだろう。過去5年間までの分は今からでも還付されるので、一度申告してみてはどうだろうか。申告は難しそう？　いやいや、ここまで読んできたあなたなら大丈夫。ここまでの説明と同じ仕組みで申告書はできているし、今ではパソコンから申告することもできる（資料４－４）。国税庁のｅ－Ｔａｘ等を利用すれば簡単だ。

（6）住民税の申告

副業所得が1円でもあれば必要

さて、所得税の確定申告が不要な場合でも、**住民税については、年末調整された給与以外の所得、たとえば副業による所得が1円でもあれば自治体に申告しなければならない。**その際、自治体があなたの所得を合計して、会社に特別徴収させるので、副業が会社に知られてしまうことになる。所得税の確定申告をした場合でも、会社に合計額が通知され、特別徴収されることになる。

それを避けたい人たちは、給与以外の副業については所得税の確定申告をし、給与以外の住民税については「普通徴収」を選択して、会社には給与以外の資料が行かないようにしているようである。ただ、副業が別の会社からの給与だと、給与についてはまとめて１つの会社から特別徴収することも法律上は可能なので、普通徴収を選択しても会社に他の給与収入の存在が知られてしまう可能性があると考えておいた方がいい。いずれにせよ、主として働いている会社に知られても、トラブルにならないようにしておく必要がありそうである。

第４章のポイント

○年末調整は会社の義務である。

○婚姻届を出すなら年末、離婚届を出すなら年が明けてから、というのが納税者にとって合理的。

○サラリーマンの91％が年末調整を受けている。

○所得税には、「超過累進税率」という仕組みが適用されている。

○年末調整による源泉徴収がまちがっていたら、会社に修正してもらう。

○年収2000万円を超える場合、サラリーマンで副所得が20万円を超えた場合などは確定申告が必要になる。

○10万円を超える医療費を払ったとき、災害や盗難に遭ったとき、寄付をしたとき、マイホームを取得したときなどは、確定申告をすると、所得税が還付されることもある。

第5章　出向・解雇・倒産と税金の謎

（1）派遣

職場状況もずいぶんと変わってきた。筆者が勤める大学などでも事務職の半数以上は派遣の人になり、誰が正規の職員で、誰が派遣の職員かもわからなくなってきた。なぜ、こんなに派遣労働が増えてきたのだろう。１９８５（昭和60）年の労働者派遣法の制定、その後の人件費抑制政策の展開が大きな要因であることはまちがいないが、１９８９（平成元）年から導入された消費税が、派遣労働をさらに促進する役割を有していたことも忘れてはならない。

消費税が、なぜ？

理由は単純である。正社員の給与は、それを支払っても会社の消費税負担は軽くならないが、人材派遣会社への支払いはその分消費税負担が軽くなるからである。消費税は事業者の売上に5％の税率で課税されるが、事業者が仕入に際して負担した消費税分（仕入額の5％）は税額が減る。この場合、正社員の給与支払いは仕入ではないので、いくら正社員に給与を支払っても消費税には影響がない。これに対して、派遣会社に支払う派遣料は仕入となり、その分消費税額が安くなる。したがって、正社員を雇用するよりも派遣会社を利用した

〈資料5-1〉　新設法人を利用した消費税逃れの事例

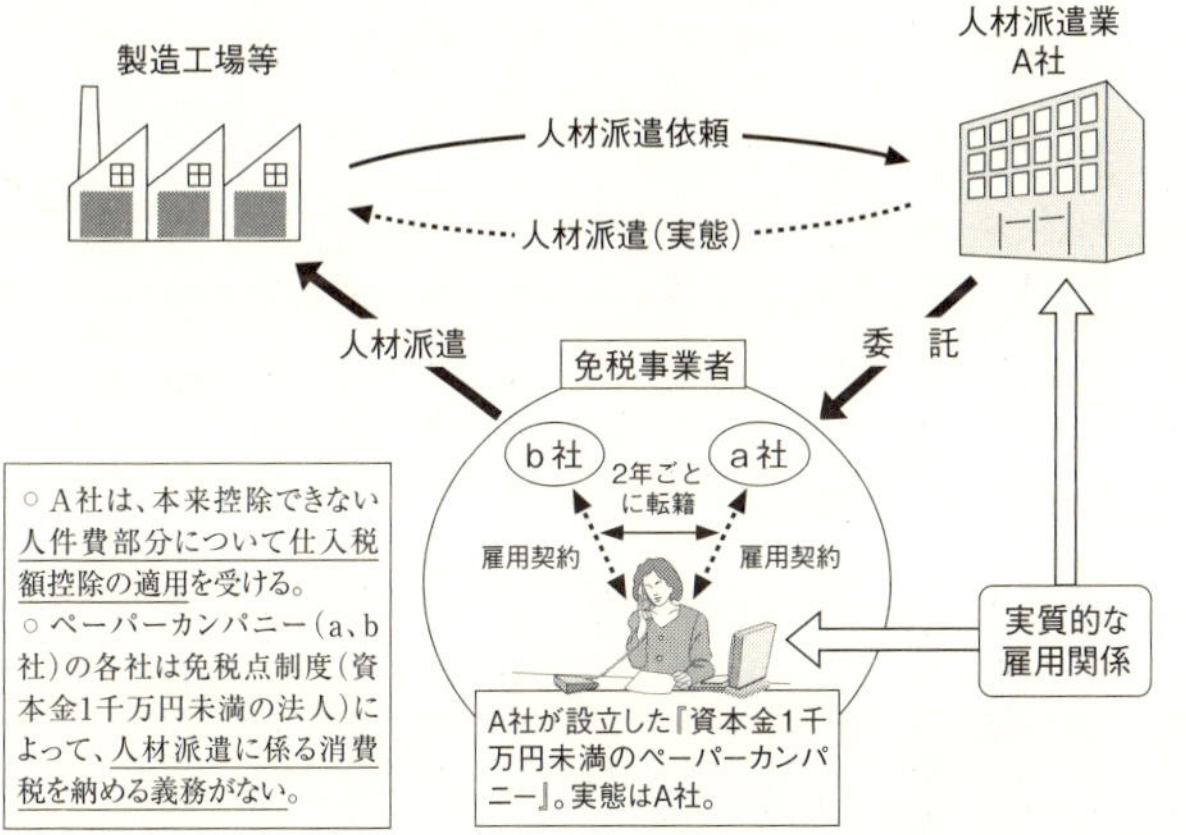
製造工場等
人材派遣業
A社
人材派遣依頼
人材派遣（実態）
人材派遣
委　託
免税事業者
b社
a社
2年ごとに転籍
雇用契約
雇用契約
実質的な雇用関係
○A社は、本来控除できない人件費部分について仕入税額控除の適用を受ける。
○ペーパーカンパニー（a、b社）の各社は免税点制度（資本金1千万円未満の法人）によって、人材派遣に係る消費税を納める義務がない。
A社が設立した『資本金1千万円未満のペーパーカンパニー』。実態はA社。

出所）内閣府税制調査会HPより作成

方が、会社の消費税負担は軽くなるのである。それどころか、消費税負担を回避するために派遣会社が派遣会社を使うという次のような手口まで考案されてきた（資料５－１）。

大企業X社が人材派遣業Y社に労働者の派遣を依頼する。労働力を柔軟化できるし、消費税上も有利だ。Y社も自社の正社員を派遣すると、その人件費分は消費税が安くはならないので、A社を作り、A社の社員をY社に派遣するようにA社に委託する。Y社がA社に払う費用は消費税の計算上、仕入になるから、その分消費税が安くなる。一方、A社にとっても、設立してから2年間は消費税の納税義務がないので、消費税がかからない。しかし、2年経過するとA社も納税義務を負うので、Y社は新たにB社を設立し、そこに従業員も移動してもらう。そうすると、B社も2年間消費税納税義務を負わないですみ、さらに2年後にC社を設立し、そこに従業員を移らせる、ということを繰り返し、派遣労働を利用して消費税を減らすのである。

こういうことが、消費税導入後横行していたのである。

こんな派遣労働を促進するかのごとき税制など廃止すべきではないだろうか。むしろ逆にすればどうだろう？　派遣会社への支払いは課税仕入とみなさない、とするのである。さらに、正社員への給与を課税仕入とみなす、とすれば少しは正社員が増えるかもしれない。

そんなことをしたら、消費税の（人件費は控除しないという）原理原則に反する、という批判が聞こえてきそうである。しかし、法律や税制の原理原則というのは不動のものでもないのである。大事なことはどういう社会を築くのか、そのためにはどういう原理原則が必要なのかを絶えず問い直すことだろう。

なお、２００９（平成21）年から事業承継税制が導入され、事業を引き継ぐために必要な株式の相続については、株式の評価額を80％減額するという特例が導入される。中小企業の事業主に対する相続税の大幅軽減につながる特例だが、無条件ではない。引き継いだ後、正規社員の８割の雇用を確保することなどが条件となっているのである。相続税と雇用を結びつけるのは、本来なら、相続税の原理原則に反するかもしれない。しかし、中小企業維持のために相続税を安くするのは、事業主個人のためではなく、従業員の雇用問題も含んだ政策だと考えれば非常に合理的でもある。

（2）出向・転籍

派遣、出向、転籍など、さまざまな名称で職場を変更させられる場合がある。派遣の場合は、実際に労働している派遣先の職場との間には雇用関係がない。出向元との雇用関係を維持しつつ、出向先との間にも雇用契約関係が成立するのが出向であり、出向元と一応雇用関係が終了し、出向先との間に新たな雇用関係が成立するのが転籍ということになる。

出向・転籍の場合は、出向・転籍先から、あるいは出向元から給与等をもらう。その場合の課税関係は、これまで述べてきたのと同様に、給与として課税される。

出向の場合は、会社間の課税関係が問題となる。出向期間中は専ら出向先（多くの場合子会社）の業務に従事しているのだから、その期間中の給与は本来すべて出向先が負担すべきだとも考えられる。そうすると、給与について、出向元（多くの場合親会社）が負担したりしていると、出向元から出向先に対する寄付金にされ、給与だと出向元の損金にできるのに、寄付金として出向元の損金にできない場合がある。しかし、出向元が差額を補塡したり、出向元の事情で出向させているため全額を出向元が負担せざるを得ない場合もあるので、合理的な理由等があれば寄付金扱いはされていない。

(3) 海外勤務・海外出向

同じ異動でも、海外勤務や海外の子会社への出向になるとだいぶ違ってくる。1年以上の予定で国外に出た場合、日本では原則として所得税法でいう非居住者になるからである。日本の所得税との関係では「制限納税義務者」になり、日本国内に源泉がある所得しか課税されないことになるのである。海外勤務による給与が国内に住む家族に支払われる場合でも、国外で働いているので「国外」の所得になり、日本では課税されない。住民税も1月1日現在の住所地が国内になければ、日本のどの自治体も課税することはできない。

やれやれ、これで、税金から解放されると思ってはいけない。日本では課税されなくても、勤務地国の税法が待っているからである。

また、公務員の場合は、いくら1年以上海外勤務することになっても日本の税法から逃れられない。その間も国内に住所を有するとみなされているからだ（所得税法3条）。国民の税金で給与を得ているのだから、外国に行っても日本に税金を払えということかもしれないし、外国では公務員に課税されないケースが多いことに対する調整かもしれない。

なお、出国までに、日本国内で得た給料については源泉徴収された分を精算しなければならないので、「給与所得者の保険料控除申告書」の提出や、「給与所得者の扶養控除等申告書」の記載内容のチェックなどが必要になる。

また、国内にある家を貸家にして不動産所得などを得るならば、確定申告書を提出しなければならないので、納税手続を代わりにしてくれる人（納税管理人という。税理士や親族に頼むことが多い）を定め、税務署に届けておく必要もある。

海外出向者の給与は、日本の給与と同じ手取額を補償するために、勤務地国の税金を考慮して決められることになろう。やっかいなのは、社会保険である。勤務地国で社会保険料を払うことになるのだが、出向期間中に日本での社会保険料を支払っていないと、将来、年金受給資格等の問題が生じたときに困るので、日本でも社会保険料を支払うのが通常である。二重負担になり、しかも外国での勤務は通常短いので、勤務地国での年金は支給されないということが多いようだ。そのため、最近ようやく二国間で社会保障協定を締結し、調整を図るようになり始めている。

ある国の所得税が安い場合、定年間近に会社に頼んでその国の勤務にしてもらい、その国にいる間に退職金を受け取ることにしたらどうだろう。結論からいうと、これはやめた方がいい。なぜなら、退職金のうち国内勤務に対応する分はやはり日本で課税されるし、日本の方が退職金については有利な場合が多いからだ（第6章（1）を参照）。

長期間海外に滞在する場合、年に一度くらい家族で帰国する費用を会社が負担してくれる場合があるが、これは実務上給与に含まれない。支出する会社の方も旅費として損金に算入できる。たしかに、これぐらいは大目に見ないと海外勤務者には酷であろう。

（4）退職・転進助成金

「君もそろそろ第二の人生を……」と、肩たたきをされてしまった。「退職金もはずむし、転職のための助成金も出すよ」などといわれたので、その助成金とは何か尋ねてみると、転進後（最近は、退職ではなくて、転進などという勇ましい用語が使われているようだ。昔の軍隊みたいだ）の職業に役立つような資格を取得するための受講料や受験費用などを補助してくれるというものであった。

再就職のために汗を流せ、そのための費用はこちらで負担してやる、ということのようであるが、この場合の税金はどうなるんだ。こんな苦境に立たされた羊たちの気持ちを思えば、いくら鬼の税務署といえども課税などできるわけはないはずだ。

いやいや、やはり税務署は厳しいのだ。所得税は羊たちの気持ちに課税するのではなくて、その所得に課税するのだから、所得であれば課税される。これらの費用を退職前に出してもらった場合は、雇用関係に基づいて受ける給付ということになり、給与所得になる。退職後（雇用関係終了後）に支給が確定した場合には、退職金のように今までの勤務の対価ではないから、退職所得ではない。また、もはや会社に雇用されていないので、給与所得でもない。さらに、何もしないでももらえるわけではなく、講座や試験などを受けねばもらえないので、一時所得でもない。結局、雑所得として申告することになる。

会社に雇用されているときに、会社の必要に応じて会社の費用で受講すれば、非課税だったのと比較すると、やはり不利だ。だから、安易に転進、進撃、突入などしない方がいい。

（5）会社破産・解雇・失業保険

サラリーマン川柳に「一生を　賭けた会社に　先立たれ（怒りのヒラ）」（『平成サラリーマン川柳傑作選・10貫目』講談社、11ページ）という優れたものがあった。経済が悪化の一途をたどる今、本当にいつこうなるか、わからなくなってきた。もし、こうなったとき、羊たちはどうなるのだろう。

まず、会社が手形不渡りを出して事業の継続ができなくなったら、会社は従業員全員を解雇して事業を事実上廃止する。その後会社は破産を申し立て、裁判所から破産手続開始決定を受けて破産し、弁護士が破産管財人に選任される。破産する２カ月前からの給料と退職金の支払いを受けていない場合、これは破産債権というものになり、裁判所が定める期間内に届出をすれば、未払い分が配当として戻される可能性が出てくる。

その後、破産管財人の証明を受けて、労働者健康福祉機構に未払い賃金の立替払いを請求すると、未払い給与の８割について支給される（ただし、会社が倒産したときの従業員の年齢によって立替払いの金額には上限があり、最高でも45歳以上の人で２９６万円である）。

さらに、会社の財産が整理されて、最終的には、未払いの給与や退職金のごく一部だけが配当として戻されることになる。

この場合、給与については、破産した年の未払い分も給与所得に含まれる、というのが税務署の見解だ。だから、理論的には、実際には払われていない分も翌年の確定申告で申告しなければならないことになる。

未払い給与について立替払いがなされると、これは退職金とみなされるので、後述の退職所得控除などを考慮すると、通常税金はかからないだろう。なお、突然解雇するときに払われる解雇予告手当は、退職金に含まれる。

破産後、別の会社に就職できたとき、その会社に破産会社の「給与所得の源泉徴収票」を提示できた場合は年末調整が可能だが、そうでない場合には、確定申告をして源泉された税額の還付が可能かどうかを調べた方がいいだろう。

その後、未払い分が相当減額されて配当されるが、その場合の源泉徴収等の問題が現在裁判で争われているので、具体的なことは破産管財人等に確かめてみた方がいいだろう。

なんか大変だ。破産会社の哀れな羊にも課税の波は及ぶのである。ただし、失業保険は非課税である。でもそんなことで喜んでなんかいられない。次の就職口が見つからなければ、あっという間に消えていくからだ。

（6）退職年金制度の破綻

適格退職年金制度が廃止された。この制度は、企業等と生命保険会社が法人税法の定める要件にしたがって締結した年金契約であったが、バブル崩壊後の低金利で積立金が大幅に不足し維持できなくなったため、２００２（平成14）年に廃止されたのである。現在は２０１２（平成24）年３月末までの猶予期間中で、それまで適格退職年金を採用していた企業は退職給付制度の完全廃止か、他制度への移行か、の選択をしている最中である。猶予期間はあともう少しなので、多くの企業がすでに移行済みなのかというとそうでもなく、この問題に今後巻き込まれるサラリーマンも少なくなさそうである。

他の退職金制度も激変しており、さまざまな仕組みへの移行が試みられている。そのために、まだ在職中なのに退職年金廃止に伴う一時金が支給されることがある。この場合、税金はどうなるのだろう。

まず、①会社から合理的な理由により過去の勤務期間の精算として支給されるものは退職所得である。②会社から支給されるが、過去の勤務期間が精算されず、新制度でもこれまでの勤続年数が加味される場合は、勤務期間が精算されていないので給与になる。③それ以外の場合は、原則として、一時所得になる。

③の例としては、たとえば、企業が適格退職年金制度を廃止することにより、引き続き勤務する従業員に対して、適格退職年金契約の解除一時金を支払う場合などがある。この場合、実際には、退職していないので退職所得でもなく、かといって勤務している会社から支給されるわけではなく、保険会社等から支払われるので給与所得でもなく、一時所得だ、というのが税務署の見解だ。

税負担の面からいうと、①が一番軽い。後述のような、特別な控除があるからだ。次いで③（半額だけ課税される）、一番不利なのは②（通常の給与に加算される）ということになる。在職中でも実質的に退職金と同じよう扱われているものとしては、次のようなものがある。

○新たに退職給与規程を制定し、中小企業者の相互共済と国の援助で設けられている「中小企業退職金共済制度」に移行する場合、あるいは２００１（平成13）年から始まった、運用によって年金額が変動する「確定拠出年金制度」への移行等、相当の理由により従来の企業内退職給与規程を改正した場合で、それまでの勤続期間の精算分として支払われるもの

○使用人から役員になった者に対し、その使用人であった勤続期間の精算分として支払われるもの

○定年に達した後、引き続き勤務する使用人に対し、その定年に達する前の勤続期間の精算分として支払われるもの

○定年を延長した場合において、従来の定年に達する前の勤続期間の精算分として支払われるもので、合理的理由があるもの

もっとも、このような企業勤務中に支払われる打切支給（それまでの勤務期間を精算する支給）は、現実には退職していないので、税務署は給与所得とみたがる。だから、退職所得とされるためには、旧制度の全員打切支給や新制度への全員強制加入などの条件をつけている。そのため、従業員が任意に一時金を受領できるようにすると、受領した者の給与所得にされてしまう。このほかにも微妙なものとしては次のようなものがある。

×会社が個人型の確定拠出年金制度への加入を勧めたら、全員が加入し、従来あった企業内退職金制度の意味がなくなったので、廃止し、打切支給をした。

この場合は、退職所得とするのは難しそうである。個人型の年金は個々人が自由に選ぶものので、結果的に全員が選んだにすぎない。だから、それまでの分を打切支給しなければいけないわけでもなく、退職をしていないのに支給しているので、給与所得だとされるのである。

○企業の財務状況の悪化により企業内退職金制度が廃止され、それまでの分が打切支給される場合は退職所得とされる。

×退職金前払い制度へ移行するために企業内退職金制度が廃止され、それまでの分が打切支給される場合は給与所得とされる。退職金前払い制度というのは、退職一時金相当額を毎月の給与に含めて前払いするものであるが、これは本来の給与である。その給与をまとめて受け取ったにすぎないからである。

×労使の合意に基づいて企業内退職金制度を廃止し、それまでの分が打切支給される場合は給与所得とされる。企業内退職金制度が廃止されたからといって、直ちにその退職金資産を従業員に払い出さなければならないわけではなく、その廃止までの勤続期間に係る退職金資産を企業の責任において管理し、従業員の退職時まで支給を据え置くこともできるからだ、というのが理由である。

*

いずれにしても、早く退職金のようなものをもらうとあまりよいことはなさそうである。
だから、定年まで待ちたいが、それまで会社がもってくれるのか、羊たちの悩みは深い。

第5章のポイント

○会社にとって、正社員を雇うよりも、派遣会社から人を調達した方が、消費税の負担が軽くなる。

○1年以上の海外勤務の場合、払われる給与は「国外」の所得になり、日本では課税されない。

○会社が倒産した場合、労働者健康福祉機構に請求すると、未払給与の8割は支給される（ただし上限があり、最高でも45歳以上の人で296万円)。

○2012年の適格退職年金制度廃止に伴い、在職中なのに一時金が支給されることがあるが、税務署はこれを給与所得として課税したがる。

第6章　退職金・年金と税金の謎

（1）退職金

サラリーマンが優遇されている実態

何とか定年まで勤め上げることができた。ようやく退職金を手にすることができる。しかし、サラリーマンが手にすることのできる退職金にも大きな格差がある。中小企業の場合（資料６－１上の表）は、大卒で定年まで勤めて１２２５万円が平均であるのに対して、大企業の場合（資料６－１下の表）は同じ条件で２５３７万円と、倍以上の開きがあるのだ。

国家公務員については、人事院が２００６（平成18）年に、民間より低いというデータを発表したが、本当に正確なデータなのか、かなり疑問視されている。

ともあれ、老後のために少しでも多くの退職金がほしいし、できればそれに税金はかけないでもらいたい。幸いなことに、一般的に退職金に課される税金はかなり低い。なぜなら、退職所得が長年の勤務に対する対価の一部が蓄積したものであること、老後の生活の糧になるものであることがちゃんと考慮され、少し優遇されているからである。

まず、退職により一時に受ける退職金は、これまで述べてきたように、**給与所得とは別に**

〈資料6-1〉 退職金比較(平成18年)

退職一時金の支給金額および支給月数(退職一時金のみの企業)

学歴	勤続年数	年齢	支給金額(万円)	支給月数(月)
高校卒	10	28	116	5.0
	20	38	359	11.6
	30	48	679	17.8
	35	53	859	20.7
	37	55	917	21.7
	定年		1,049	24.8
大学卒	10	32	154	5.5
	20	42	445	12.0
	25	47	654	15.7
	30	52	869	19.2
	33	55	993	20.9
	定年		1,145	24.1

※会社都合退職の場合。支給金額は退職一時金のみ。

標準者退職金実態調査

学歴	勤続年数	年齢	支給金額(万円)	支給月数(月)
高校卒(男性)	20	38	712	19.7
	25	43	1,063	26.0
	30	48	1,444	32.2
	35	53	1,935	38.6
	42	60	2,275	44.8
大学卒(男性)	20	42	903	18.6
	25	47	1,383	25.1
	30	52	1,919	32.1
	35	57	2,377	39.4
	38	60	2,537	42.2

※会社都合退職の場合。支給金額には退職一時金の他、退職年金が含まれる場合がある。

出所) 上は平成20年「中小企業の賃金・退職金事情」の調査より
下は日本経団連発表データより

〈資料6-2〉　退職所得の課税図　（平成20年10月現在）

（収入金額 − 退職所得控除額）× $\frac{1}{2}$ ＝退職所得の金額

退職所得控除額：
- 勤続年数20年まで　1年につき40万円
- 勤続年数20年超　1年につき70万円

退職所得の金額 × 税　率 ＝ 所得税額

課税所得金額	税率（税源移譲後）
195万円以下	5%
330　〃	10
695　〃	20
900　〃	23
1,800　〃	33
1,800万円超	40

（例）勤続年数30年の場合

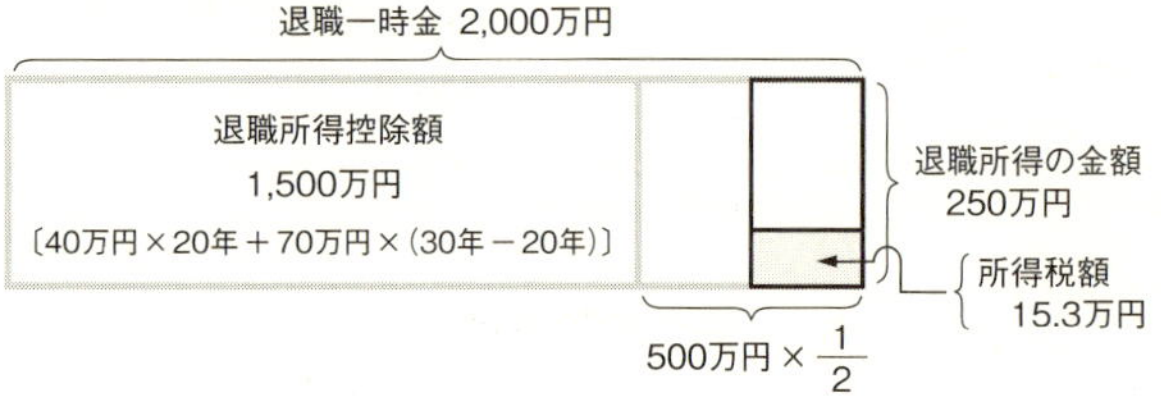

出所）財務省HPより

「退職所得」という所得に分類され、別枠で税額が計算される（資料6－2）。

そして、退職に際して受けた一時金が退職所得の収入金額となる。この収入金額から、「必要経費」を引くのではなく、ここでもまた所得税法が決めた退職所得控除額という一定額を引くのである。

実際、退職所得に関する必要経費といわれても、具体的に考えつくものはそうないはずである。会社に残って勤務してきたこと自体が「必要経費」だといっても算定のしようがない。だから、退職所得の一定額控除はそれなりに合理的だ。

具体的にいくら控除できるかというと、勤続年数が20年以下の場合は、40万円に勤続年数を掛けた金額である。20年を超えると、この金額が年間70万円になる。同じ会社で長く勤務した人の退職金をより優遇しているのである。したがって、大卒後定年まで38年勤続した人の控除額は、

（38年－20年）×70万円＋（20年×40万円＝）８００万円＝２０６０万円

になる。

この章の冒頭で、中小企業の退職金の平均は１２２５万円であると述べたが、この金額は、右の控除額を下回っているので課税されないことになる。これは、所得税法が中小企業に優しいからというよりも、中小企業の退職金が少ないからそういう結果になっただけだ。大企業の平均２５３７万円だと２０６０万円を控除しても、なお４７７万円のプラスになる。ただ、この４７７万円に税率が適用されるのではなく、さらに半分におまけしてくれる。つまり、

４７７万円÷２＝２３８・５万円

が、退職所得の中で課税される部分である。

これに１８０ページの税率を適用する。速算表で計算すると、
２３８・５万円×10%－９万７５００円＝14・１万円
ということになる。退職金を２５３７万円受け取っても、所得税は14万円ですむのだ。そうそう、住民税もあった。税率は一律10%であるから23万８５００円になり、この10%が当分の間軽減されるので、約20万円程度の住民税負担が加わることになる。それでも、所得税と合わせて合計35万円程度の負担ですむ（退職金はふつう他の所得とは別に課税され、支払われるときに源泉徴収や住民税の特別徴収がされている）。

資料６－３をみると、給与所得者１８９万人が、総計で約10兆円の退職金を受け取っており、収入に占める税の割合は、全体では約２・７%にすぎない。やはり退職金は税制面で優遇されていることはまちがいなさそうである。

課税の余地の多い領域

先ほど、勤続年数20年を境に控除額が変わることを述べたが、20年を３カ月だけ超えた場合はどうなるのだろう。このような場合は端数を切り上げ、21年として計算してよい。たとえ、１日でも切り上げである（勤続年数の計算については、複数の会社に重複して勤務して

〈資料6-3〉　退職所得の課税状況の累年比較

区　分	退　職　所　得		
	人　員	支給金額	源泉徴収税額
	（千人）	（百万円）	（百万円）
平成13年分	2,050	13,706,154	321,573
14	2,475	15,890,803	380,695
15	2,338	15,988,651	331,809
16	2,360	12,918,859	337,706
17	2,271	11,076,021	294,970
18	1,892	10,727,063	286,390

出所）「統計年報平成18年版」国税庁HPより

いる場合など、いくつかの特殊なケースの問題もあるが、ここでは一般のサラリーマンの問題に限定しておこう）。

なお、この控除額は、１９５０（昭和25）年に導入された当時は勤続年数にかかわらず一律、収入の15%だった。その後、１９６７（昭和42）年から勤続年数の長短で控除額に差を設ける現行制度になり、当初は、10年、20年、30年超とで控除額が異なっていたが、１９７５（昭和50）年から30年超がなくなり、現行の二区分になっている。１９８９（平成元）年に控除額についても現行のものになったが、それ以後は上がっていない。

むしろ最近の政府税調の議論では、この額を引き下げることや2分の1だけ課税する制度を廃止する方向が示唆されている。課税する側にしてみれば、税負担率がわずか2％台というのは、課税の余地が多く残っている魅力的な領域に映るのだろう。「広く薄く課税」というスローガンは、羊たちの退職金についても例外ではないのである。

そう簡単には認定されない

中小企業労使の涙ぐましい努力も、無慈悲な課税によって泡と消えることがある。

大阪の中小企業A社は満55歳の定年制を実施し、勤続年数が10年を超えても、一律に10年分として計算することとしていた。しかし、従業員の間で10年以上働いても退職金が変わらないことに対する不満が高まったため、退職金規程を改正することになった。ところが、折から多額の負債を抱えて経営が行き詰まってしまったA社は、会社更生法の適用を受け、その後会社の再建が進められることになったのだった。

そこで、従業員側も、会社がいつ倒産するかわからない状況では退職金規程を改正しても意味がないと考え、むしろ勤続満10年をもっていったん定年とし、その時点で退職金を支給して、その後引き続き勤務する場合は再雇用という形にするよう会社側に要望した。会社側もこれに同意し、勤続年数が10年に達した者には、退職金が支払われることになったのだった。

　しかし、税務署はこれを退職金と認めず、賞与だとして課税したのである。賞与よりも退職金にした方が税金が安くなると考えてA社が規程を改正したのなら、税務署の判断も理解できる。だが、会社の倒産状態からの再建過程にあって、会社の存続を危惧する労使双方の一致した意見により採用されたという特殊な事情があることを考慮すれば、退職金と考えてもよさそうである。大阪高裁もそう考えて、退職金と認める旨の判決を下した。

　しかし、最高裁（１９８３〈昭和58〉年12月６日判決）は、そう考えなかった。勤続満10年に達した人たちの大半が一時金の受領後に再雇用されている点を重視したのである。その上で、10年定年制による退職金と認めるには、勤続満10年に達したときは退職するのを原則的取扱いとすること、再雇用の場合もそれまでの勤務関係の延長ではなく、新たな雇用契約に基づくものであるという実質を有していなければならない、として、退職所得ではないと判断したのだった。

　退職金なら退職という事実がやはり必要なのであり、退職金は税法上優遇されているので、そう簡単には認定されない、ということである。

役員の退職金

取締役など会社役員の場合は、退職金が会社の税金対策として利用されることもある。役員の職務内容の変更等により、その役員としての地位または職務の内容が激変し、給与も激減し、実質的に退職したと同様の事情にある場合には、支給された一時金は退職所得として扱われる。

そこで、同族経営の会社などでは、会社に高額の保険金が入る場合に、役員の1人を常勤から非常勤にして、退職金を払って保険金と相殺しようなどという方法が採られるのであるが、一般のサラリーマンには無縁な話である。

（2）年金

年金は雑所得

定年退職後は、日々の労働から解放され、年金で悠々自適の生活を送りたいはずだ。しかし、破綻寸前の年金制度や深刻な経済状況が、高齢者をさらなる労働へと追い立てる。再就職した場合は、本書第1章〜第4章の生活に戻ることになる。

年金は、税金上は「雑所得」に区分されるものが大半で、大きく公的年金と私的年金に区分される。

公的年金からみてみよう。

公的年金は、①国民年金法、厚生年金保険法、公務員等の共済組合法などの規定による年金、②過去の勤務により会社などから支払われる年金、③適格退職年金契約に基づく年金（ただし、前述のように、適格退職年金制度は現在は廃止され、２０１２〈平成24〉年3月31日まで経過的に存続している）、などである。

これらの公的年金は、かつては「給与所得」とみなされていた。しかし、給与所得者のように実際には働いてはいない年金受給者が、給与所得控除を適用されるのはおかしいではないかという批判があり、「雑所得」に分類されるようになった。

ただ、雑所得にすると、収入金額から実際に使った必要経費を引いて計算することになるが、年金収入の必要経費になるのは保険料ぐらいである。しかし、この保険料は、現役時代の給与から支出し、そのときは社会保険料控除として非課税になっていたので、年金としてもらうときも非課税とするわけにはいかない。そうなると、年金収入そのものに課税することになりかねないので、それを調整する仕組みとして、公的年金控除を導入して負担の調整を図ったのである。

当初は、65歳以上の控除枠を大きく割増していたが、２００６（平成18）年から、老年者控除の廃止と共に、65歳以上の割増分を縮小している。高齢者にも応分の負担をしてもらうことを意図した税制改革の象徴であった。

65歳は老年ではない

日本の所得税制では、これまで「65歳」が高齢者の基準になってきた。まず、65歳以上の人は「老年者控除」として所得から50万円控除できた。次に公的年金も原則として所得税の対象になるが、65歳以上の人が受け取る場合は１４０万円まで非課税だった。さらに65歳以上の人は、マル優等の利子の非課税制度を利用でき、この制度を利用すれば、合計１０５０万円までの預貯金等に対する利子については、所得税がかからない特例もあった。

過去形で書いたのは、これらの制度のうち「老年者控除」と公的年金の非課税上乗せは２００５（平成17）年から廃止になり（ただし、公的年金については１２０万円まで非課税にする特別措置も導入）、非課税貯蓄については２００６（平成18）年から廃止されたからである。

急速に高齢者に冷たくなってきたが、それはなぜなのだろう。政府税調などでは、年齢のみを基準に優遇することがかなり疑問視されてきた。たしかに、高齢だからといって、多くの所得を得ている人を特に優遇する必要はないし、平均寿命の伸長は「老年者」のイメージそのものも変えてきている。

老年者控除は１９５１（昭和26）年にはじめて導入された制度だ。この当時から「老年者」の基準は65歳であったが、当時の65歳は現在の65歳とは相当違っていた。というのも、当時の平均寿命は、男性60・80歳、女性64・90歳で、男性の場合、65歳というのは平均寿命を5歳も上回るかなりの高齢者だったことになるからだ。現在は男性79・19歳、女性85・99歳が平均寿命だから（２００７年のデータ）、当時の平均寿命との対比でいうと、現在では84歳くらいが「老年者」に該当するということになりそうである。その意味で、老年者の基準を見直すのはたしかに必要だったかもしれないが、十分に周知することもなく、一挙に廃止してしまったのは性急すぎたのではないか。

２００６（平成18）年6月、老年者控除の全廃に伴う地方税の増税を知った高齢者が、自治体の窓口へ苦情のために殺到するという事態が起きた。マスコミの論調ではこれを自治体側の説明不足とするものが多かったが、本当にそうだったのだろうか？　その前年に老年者控除の廃止等がなされているのだから、それが所得税だけでなく地方税にも跳ね返るのは当然だ。

そんなことは老年者控除が廃止された時点で気づくべきものである。そのときに騒がずに、実際に課税されてから騒いでも後の祭りだろう。でも、現役時代、税金についてほとんど無関心にさせられてきた羊たちが、高齢者になったからといって急に税に目覚めるわけもない。税制改正に無関心できたことのツケなのである。

年金控除の計算方法

現在の公的年金控除額は、年金額に応じて25％～５％控除されるが、その結果生じる年金所得の金額を速算表で示すと次のようになる。

年金収入	年金所得の金額
70万円まで	ゼロ
70万１円から１３０万円未満	年金額×１００％－70万円

130万円から410万円未満	年金額×75％－37万5000円
410万円から770万円未満	年金額×85％－78万5000円
770万円以上	年金額×95％－155万5000円

65歳以上の場合は、少し割り増しがあるので、次のようになる。

年金収入	年金所得の金額
120万円まで	ゼロ
120万円から330万円未満	年金額×100％－120万円
330万円から410万円未満	年金額×75％－37万5000円
410万円から770万円未満	年金額×85％－78万5000円
770万円円以上	年金額×95％－155万5000円

したがって、65歳以上の人で公的年金からの総収入が400万円の人は、
400万円×75％－37万5000円＝262万5000円

〈資料6-4〉　公的年金等に係る課税の仕組み　（平成20年10月現在）

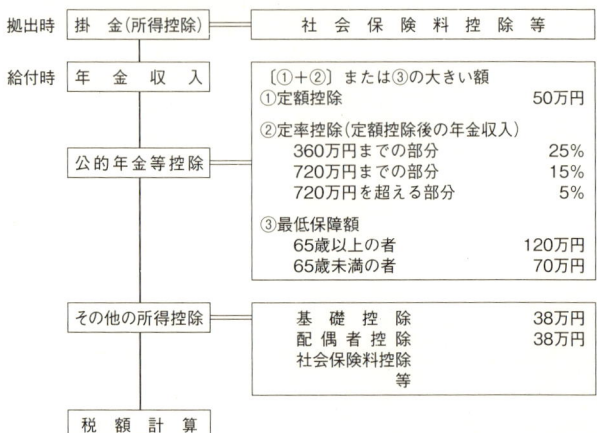

拠出時	掛　金（所得控除）	社会保険料控除等
給付時	年金収入	
	公的年金等控除	〔①＋②〕または③の大きい額 ①定額控除　50万円 ②定率控除（定額控除後の年金収入） 360万円までの部分　25% 720万円までの部分　15% 720万円を超える部分　5% ③最低保障額 65歳以上の者　120万円 65歳未満の者　70万円
	その他の所得控除	基礎控除　38万円 配偶者控除　38万円 社会保険料控除等
	税額計算	

出所）財務省HPより

となり、これが雑所得の金額となる（資料６－４）。

ほかに所得がなければ、総所得金額が２６２万５０００円になる。医療費控除などの所得控除が仮に１００万円だとすると、それを引いた１６２万５０００円が課税総所得金額となり、これに超過累進税率（１７７ページ参照）が適用され、所得税額は約８万円となる。住民税は一律10％なので、約16万円となり、住民税の方が高齢者には重く感じられることとなる。

次に私的年金についてみてみよう。その代表的なものは個人年金である。

個人年金を受けている場合は、雑所得にこれも加える。個人年金には、個人年金保険な

〈資料6-5〉　主要国における公的年金税制（未定稿）

（2008年1月現在）

			日　本	アメリカ	イギリス	ドイツ	フランス
拠出段階	給与所得者	事業主負担分	損金算入	損金算入	損金算入	損金算入	損金算入
		被用者に対する給与課税	なし	なし	なし	なし	なし
		本人負担分	控除あり（全額）	控除なし	控除なし	控除あり（限度額あり）	控除あり（全額）
	事業所得者	本人負担分	控除あり（全額）	1/2 所得控除	控除なし	控除あり（限度額あり）	控除あり（全額）
給付段階	老齢年金		課税	一部課税	課税	一部課税	課税
	遺族年金		非課税	一部課税	課税	一部課税	課税
	障害年金		非課税	一部課税	課税	一部課税	課税
	所得計算上の特別措置		控除あり	所得算入の特例あり	特例なし	所得算入の特例および控除あり	控除あり

出所）財務省HPより

どの保険形式のものと、個人年金信託、財形年金などの貯蓄形式のものがあるが、前者が雑所得の対象になり、後者は利子所得になる。公的年金控除は適用されないので、収入から払ってきた保険料の収入に対応する分を控除して計算する。保険会社等から支給される明細に、控除できる保険料の金額が記載されているはずである。

こうしてみると、年金に課される所得税はそれほど重いものではないが、高齢者にとって悩ましいものであることもまちがいない。諸外国の制度もみておこう（資料6－5）。

確実な徴収制度

公的年金と私的年金の所得額を合計したら、

確定申告をしなければならない。なにしろ、会社を辞めているのだから、年末調整をしてくれるところがないからである。社会保険庁にやらせたい？　いやいや、そういう制度はないし、自分でやった方がボケ防止のためにもいいのではないか。そうすると、これまで述べてきたいろいろな制度の矛盾を実感し、怒りが沸々とわいてくるだろう。でも、歳《とし》とってから怒るのは体に毒かもしれない。

なお、**公的年金については、受給時に所得税があらかじめ源泉徴収されている。**サラリーマンはどうやら一生源泉徴収制度からは逃れられないらしい。源泉徴収されるべき金額をどう計算するかについては詳細な規定があるが、複雑でわかりにくい。毎月受け取る年金から総額の3割程度を引いた金額の5％程度が源泉徴収されていたら、まあ大丈夫であろう。源泉徴収票を受け取り、確定申告で調整すればよいとしておこう。

２００８（平成20）年の「地方税法改正」により、２００９（平成21）年10月からは、さらに住民税の特別徴収も加わってくる。対象となるのは、国民年金法に基づく老齢基礎年金等の支払いを受けている65歳以上の人である。上半期（4・6・8月）の徴収額は前年度の下半期（10月・12月・2月）の税額に相当する額であり、下半期の徴収額はその年払う税額から上半期に納付した税額を控除したものである。老人たちの申告に委ねておくと、取りっぱぐれてしまうので、支払い時に徴収しておきたいということである。

こうしてサラリーマンという羊たちの所得は、会社を辞めても、一生の間、確実に把握され、所得を受け取るときに税が天引き徴収されていくのである。

（3）離婚

税の常識は社会の非常識

定年を迎え、ようやく退職金を受け取り、さあ夫婦水入らずの年金生活に入ろうとしたとたん配偶者から「今まで一生懸命耐えてきた。もう……」と片方の判を押した離婚届を突きつけられてしまった（ほとんどの場合、妻から夫へである）。「そういうお前に私も耐えてきた」と反論したくなるが、かなり前からこのような熟年離婚が増えているようだ。ここ数年は統計上減少傾向が見られたのだが、その背景には、２００７（平成19）年４月からスタートした離婚時の年金分割、及び２００８（平成20）年４月からスタートした第３号被保険者（『厚生年金』や『共済年金』の加入者に扶養される配偶者で、年齢が20歳以上60歳未満、年収１３０万円未満）期間に係る厚生年金の分割を待っていたことがあげられる。そのせいか、

２００７年４月の離婚件数は前年より増加し、再び増加傾向を示し始めている。

離婚時の年金分割、及び厚生年金分割の制度について、その具体的な分割方法などは複雑なので、興味のある方は次にＵＲＬを示す厚生労働省のホームページにあるイメージ図から、概要をつかんでおくのがよいだろう。

http://www.mhlw.go.jp/topics/bukyoku/nenkin/nenkin/kousei-bunkatu/01.html

こうした制度の利用も含めて、熟年離婚後の税金問題を考えると次のようになる（夫が妻に分割するケースなどを想定する）。

①まず、年金分割を利用せずに、離婚後扶養料等の支払いをする。

この場合は、年金はすべて夫のものとして課税され、別れた妻に渡した扶養料等は家事的な支出にすぎないことになるため、税金の計算には関係がないことになる。妻が引き取った子どもの扶養料を渡している場合は、夫も扶養控除を適用できることがある程度である（第３章の扶養控除を参照）。

②次に、この年金分割について、夫と妻が合意したり、第３号被保険者である妻から請求されると、その分が妻に年金として支給されるようになり、夫の受給額がその分減額される。所得税はそれぞれがその分に応じて負担することになる。

このように、夫が負担してきた年金の一定割合を、協議等を通じて妻が受領できることになれば、これは贈与だといえなくもない。しかし、これを贈与として課税するなどといったら、納税者からの反発を招くし、この年金分割制度自体が崩壊しかねない。そこで、年金を分割しても、贈与税の問題は生じないこととされている。だから、妻は安心して分割請求できることになる。

③これで、終わりではない。夫は妻からさらに財産分与を請求される（離婚後2年以内）。退職金が出るまで妻が「耐えていた」のはこのためだ。ここで、仮に夫が、退職金や預貯金などの現金と、親から相続した不動産の両方を所有している場合、どちらも同額だとすると、どちらを妻に渡した方が夫にとって税金面でトクだろうか。

不動産の方は資産価値が減少しているので、不動産を分与することにしよう。妻も同意してくれたのでホッとしていたら、その後税務署から不動産を譲渡したことによる所得税を払えといわれてしまうのである。というのは、この不動産を譲渡することによって妻に財産を分与する債務を消滅させたのだから、この不動産時価相当額と妻への債務が相殺されている。ということは、離婚時の不動産の時価（仮に５０００万円とする。以下、カッコ内同）で妻に不動産を譲渡したことになる。そして、この時価（５０００万円）が譲渡所得の収入金額になり、その金額と夫の親が取得したときの価格（600万円＝取得費という）との差額（4400万円）が譲渡益だ、というのが税務署の理屈である。相手に資産を渡した上に、さらに自分に税金がかかるというのだから、何とも切ない話になる。

妻にしてみれば、離婚によって分与されたものだから贈与税はかからない。さらに、その資産を取得した後、「うっ、あの男の臭いがする。いやだ～」とすぐに譲渡しても、その不動産が離婚時の時価（5000万円）よりも高く売れた部分しか課税されないので、実際に所得税がかかることはあまりないだろう。妻が不動産の分与に同意したのはこのことを税理士から知らされていたからだとしたらショックは大きい。税の常識は社会の非常識なのである。

勘違いの結果の財産分与

会社員のAさんは、会社の女性部下と不倫関係になり、それが奥さんにバレて離婚することになった。Aさんは女性部下と再婚して裸一貫から出直すことを決意し、自分の土地・建物全部を財産分与として、子どもを引き取る奥さんに譲渡することにした。財産分与契約をする際、Aさんは、奥さんに課税されることを心配してこれを気遣う発言をしたが、まさか自分に課税されるとは思わなかった。その後、自分に譲渡所得税が課されることを知らされ、税理士に試算してもらったところ、バブル期であったので２億円も税金がかかることがわかった。

そこで、Ａさんは、それほど多額の税金が課されることを知っていたならば財産分与はしなかったから、この契約には非常に重大な錯誤があった。だから財産分与は無効であると主張して争った。最高裁は（１９８９〈平成元〉年９月14日判決）、Ａさんが財産分与を受ける奥さんに課税されることを心配してこれを気遣う発言をしたことを重視し、財産分与には錯誤があった可能性があるとして高裁に差し戻し、高裁は錯誤により財産分与は無効であるとした。

この判決は、税負担に対する錯誤が契約の無効原因になることを示したものとして注目されたが、これはあくまでレアケースで、税務署に税金をかけるといわれてから、慌てて錯誤があったと主張しても認められないことが多いので注意が必要であろう。

こうしてみると、離婚はサラリーマンにとってよいことは何もなさそうだ。そうならないように、本書を読んだ今からでも手をうっておいた方がいい。ささやかでもいいから配偶者にプレゼントでもしよう。それは、所得税法上の必要経費ではないが、人生の必要経費なのである。

（4）相続税

同じ額の相続でも分割の仕方で税額が変わる

こうして、羊たちも最期のときを迎える。せめて子羊たちには、ささやかなものを残してあげたい。その場合、相続税はどうなるのだろう。

21世紀に入ってから、諸外国では相続税廃止が一つの潮流になった。特に、メディアを支配する資産家が政権を握ったイタリアでは、真っ先に相続税を（自分のために）廃止してしまった。日本はその点ではまだ倫理的であり相続税制度は維持されている。

日本の相続税は、相続によって財産を取得した人に課税するものであるが、同じ金額の財産を相続しても相続財産の分割の仕方によって、具体的な税額が変わる独特な制度になっている。

まず、３人の相続人がいるのに、５０００万円の遺産を、１人で単独相続した場合、その人には相続税はかからない。

というのは、相続税には基礎控除があり、最低でも５０００万円、プラス法定相続人の数×１０００万円を控除できるからである。だから、相続人が３人の場合は８０００万円以上の場合に課税されることになる。５０００万円を１人で相続しても、それしか遺産がないなら税金はかからない。基礎控除額以下だからである。

次に、３人で５０００万円ずつを均等に相続した人の場合は、遺産総額は１億５０００万円で、そこから基礎控除５０００万円と法定相続人の数３人×１０００万円の合計８０００万円を引いた差額７０００万円に課税されるので、約３００万円の相続税を負担しなければならなくなる。

ところが、遺産が５億円あるのに、他の相続人に多く譲り、自分は遠慮して５０００万円しか相続しなかった人の場合は、前の例と同じ相続額（５０００万円）にもかかわらず、もっと税金が増え、約１２００万円程度にもなる。５億円から、相続人３人の場合の基礎控除８０００万円を控除しても、４億２０００万円が相続税の対象になり、その税額は大きくなる。自分が税金を負担する割合は、５億円のうちの５０００万円分（10%）で小さいが、総額が大きいので自分が負担する額も大きくなるからである。だから、同じ額を相続しても、遺産総額の大きさによって相続税の負担は変わってくるのである。

〈資料6-6〉　相続税の課税割合の推移

年　度	平成６年	平成７年	平成８年	平成９年	平成10年	平成11年	平成12年	平成13年	平成14年	平成15年	平成16年	平成17年	平成18年
課税割合（％）	5.2	5.5	5.4	5.3	5.3	5.2	5.0	4.7	4.5	4.4	4.2	4.2	4.2

出所）国税庁HPより

金持ちのための制度

先述のように、今年（２００９年）から、中小企業の事業承継を円滑にするために、事業承継用の株式の評価については8割も軽減・猶予するという特例も導入される。それでは、サラリーマンにも特例を、といいたいが、その必要はない。その理由を説明する前に、資料６－６を見てほしい。これを見てわかるように、相続税の課税割合は４％程度である。

４％ということは、１００件の相続のうち、４件しか相続税が問題にならない、という意味である。１００件の相続には被相続人が女性や子どもの場合も含まれているので、高齢者男性が被相続人の場合に相続税がかかる割合はもう少し増えるが、せいぜい10％程度であろう。つまり、相続税とは、一部の資産家の相続に対する課税制度なのである。

相続税は、基礎控除が、前述のように、５０００万円に法定相続人の数に１０００万円を掛けた額の合計額である。だから、配偶者と子ども２人の場合は８０００万円が基礎控除になる。しかも、実務上はこの額が時価よりやや低い価額で計算されるから、時価に換算すると１億円程度以上の財産がないと課税されないのである。

だから、自宅一つとささやかな預金程度の羊たちにはまず関係がない税金なのである。そのため、税収も、実はそれほど多くない。消費税の税率１％分の税収にも及ばないので、相続税など廃止して、消費税を上げろ、という声が資産家層から聞こえてくるのである。

＊

要するに、羊たちには相続税の心配はなさそうだ。最期だけは税金に係わりなく終えることができるようである。バンザ～イ！　ん？　ますますわびしさを感じるのはなぜだろう。

第６章のポイント

○退職金は税制面で優遇されている。

○公的年金は、「雑所得」に分類される。

○65歳以上が対象となる「老年者控除」と公的年金の非課税上乗せが2005年に、非課税貯蓄が2006年に廃止された。

○年金が多い場合や、他の所得もある場合には、確定申告をしなければならない。

○離婚時の年金分割、及び厚生年金分割の制度について、具体的な分割方法は複雑である。

○日本の相続税は、同じ金額の財産を相続しても相続財産の分割の仕方によって、具体的な税額が変わる独特な制度になっている。

○相続税の基礎控除は、〈5000万円＋1000万円 × 法定相続人の数の合計額〉

エピローグ

ここまで述べてきたように、日本のサラリーマン＝羊たちは、会社を通じて知らないうちに、感じない程度に、少しずつ税を刈り取られているのである。税について知りたくなかったり、考えたくなければ、このままでよいかもしれない。しかし、羊たちがまじめにこつこつ税を負担している間に、金融立国とか国際競争力強化という美名の下で高額所得者の所得税や大会社の法人税が大幅に減税されてきた。そのおかげで不況でも会社が羊たちを守ってくれるというなら、減税措置にも意味があったのだが、現実はその逆であった。実体経済が悪くなると、羊たちの職場がまず失われていく。何のための減税だったのだろう。

税金はやはりそれぞれの負担能力に応じたものにしなければいけない。

今から約１４０年前のドイツで労働運動の指導者であったフェルディナント・ラッサール

(Ferdinand Lassalle　１８２５〜１８６４）は、『間接税と労働者階級』（大内力訳、岩波文庫）という論文をまとめ、間接税が結局労働者の負担に帰することを厳しく批判した。その後、20世紀には、各国で所得税を中心とした、より負担能力に応じた税制の構築に向けて努力がなされ、高率の超過累進税率が採用されてきた。

ところが、１９８０年代に入ると、米レーガン政権における税制改革によって、その流れは一変した。所得税の累進税率は一挙に平準化され、70％の最高税率が28％までに引き下げられ、法人税率も46％から34％に引き下げられた。こうして、金持ちを優遇すれば、そのおこぼれが庶民に流れ込み、景気がよくなると宣伝されたのである。この流れに乗ろうと、諸外国もいっせいに所得税率と法人税率を引き下げはじめた。

日本もこれに倣《なら》って所得税の税率を70％から37％（現在は40％）まで引き下げ、法人税の税率も43％から30％に軽減した。それでもなお高く、アジアの諸国に太刀打ちできないという財界の意向を受けて、さらに引き下げられる傾向にある。こうして、所得税収・法人税収は見事にやせ細ってしまったのである。しかも、汗水流して働いた所得には最高税率が適用されるのに、配当所得などの金融所得は低率の源泉分離（他の所得とは合計せずにこの所得だけで課税）である。また、これだけ法人を優遇してきたのに、世界的な経済危機で不況になると、すぐに人員整理が行われるのである。

これに近年の経済のグローバル化が加わる。その結果、多国籍企業はますます多様な世界戦略が可能になり、それに応じて各国は「投資」のための租税環境の「改善」の動きを加速している。金融やその他の移動可能な資本・資産の誘導策を、各国が競って展開しだしたのである。

移動可能な資本や資産を優遇するといった〝税の安売り競争〟は、世界各国の租税政策をも歪めはじめている。移動可能な資本は、世界中で誘導策が展開されるので、より安いところに移動する。資本が移動してしまった国は、さらにより安い誘導策で呼び戻す。その結果は火を見るより明らかだ。結局、非課税にするしかない。香港のように相続税を廃止し、世界の資産や資産家を招き入れようとするしかなくなるのである。

そうすると、一国の税収は何によってもたらされるのだろう?「移動できないもの」つまり、羊たちの給与、不動産、国内消費などから税収を上げるしかないことになる。

移動しない国内の消費は消費税で課税できるのに、国境をまたぐ消費はどの国も手を出せない。何京円もの資本が国境をまたいで通貨取引を行っているが、取引自体には課税されてはいない。この非課税の金融取引によって世界各国は揺さぶられ、バブルとその崩壊の繰り返しにより、今回の世界的な経済危機をはじめとして多くの悲劇が生み出された。

　こうした国境をまたぐ富や資本の移動をどうすべきなのだろうか。羊たちは沈黙したままでよいのだろうか。


　実は、１９７２（昭和47）年頃から、国家の領域を超えて移動する金融資本等に適切に課税する「トービン税」（別名・通貨取引税）構想が提唱されてきた。これは、アメリカの経済学者でノーベル賞を受賞したジェームズ・トービン（James Tobin　１９１８～２００２）教授が提唱したもので、すべての通貨取引に低率の課税を行い、不適切な投機をおさえようとするものであった。近年では、この構想がフランスの市民団体などに継承され、そこから得られる税収を低開発国に配分することを通じて、国際的な所得格差を是正しようという構想とつなげられている。

　もちろん、このような課税を一国だけで行うのは難しい。資本はそこを避けて動き回るだけだからである。各国が共同して実施するのが理想的であるが、実際に国際社会が連帯して不適切な投機を規制しようという動きが徐々に高まってきている。２００３年にベルギーの国会は、ＥＵ諸国が通貨取引税を導入することを条件に、通貨取引税法案を成立させているし、フランスでは、国際連帯税としての航空券税が導入され、さらに通貨取引税の導入も議論されはじめている。日本が投機をあおることに躍起となっていたときに、国際社会ではこのような試みがなされてきていたのである。

日本も遅ればせながら、フランスが導入した航空券税を導入しようと、超党派の議員が集まりだした。２００８年11月には東京で国際連帯税（通貨取引税）導入を求める市民のシンポジウムなども始まり、与党の税制改革大綱でも平成21年度の大綱から、このような国際連帯税への言及がなされはじめている。

＊

少しずつ変わろうとしているのかもしれない。いや変えねばいけないのだろう。そのためにも自分が徴収される税金の仕組みくらいは知っておこう。そうすることで、遠くに何かが見えてくるはずだ。

あとがき

「サラリーマンも税に関心を持ちはじめている。自分の給与からどのように徴収されているのか、疑問を抱いている。だから、サラリーマンのための税金の入門書を書いてくれ」と光文社の森岡純一さんから依頼された。私は、それは無駄だ、書いても読まれない、と答えた。日本のサラリーマンは税に関心を持たないですむようにされているからだ。実際、税法の専門書でサラリーマンの所得課税についてきちんと説明した本はない。

そう答えながら、所得税の納税義務者の大多数はサラリーマンなのに、サラリーマンにわかりやすく正確に所得税を解説した本がないのも、確かに奇妙だと思いはじめた。そこで、一度きちんと書いてみる必要があるかもしれないと思い直し、構想しているうちに、日本のサラリーマンが「源泉徴収」という柵に囲われ、そこから逃げることのできない〝羊たち〟に見えてきた。この「羊たちの税金」を、月々の給与からはじめ、年末調整、出向、退職、老後という時間の流れの中で描き、羊たちがどのように税金と関わっていくのかを解説したらどうなるだろう。そう思いながら書いたのが本書である。

サラリーマンの方々が本書を読んで、自分の給与明細の内容を理解し、税制に少しでも関心を持ってくれるようになったらうれしい。そうなったらまちがいなく、日本の税制は変わっていくはずである。

本書を書くにあたって、実務家の方々、特に税理士の鹿田良美さん、矢野雅子さん、犬飼久美さんから助言をいただき、また、校正については大阪経済大学専任講師の安井栄二さんの協力もいただいた。

二〇〇九年三月一七日

三木義一

〈索引〉

三木義一（みきよしかず）
1950年東京都生まれ。’75年、一橋大学大学院法学研究科修士課程修了。現在、立命館大学法科大学院法務研究科教授、博士（法学・一橋大学）、弁護士（共栄法律事務所）。専攻、税法。著書に、『日本の税金』（岩波新書）、『よくわかる税法入門』（ゆうひかく選書）、『よくわかる国際税務入門』（共著、ゆうひかく選書）、『演習ノート　租税法』（共著、法学書院）、『日韓国際相続と税』（共編著、日本加除出版）、『世界の税金裁判』（編著、清文社）など多数。

給与明細《きゅうよめいさい》は謎《なぞ》だらけ　サラリーマンのための所得税入門《しょとくぜいにゅうもん》

2009年4月20日初版1刷発行

著　者 ― 三木義一
発行者 ― 古谷俊勝
装　幀 ― アラン・チャン
印刷所 ― 萩原印刷
製本所 ― 榎本製本
発行所 ― 株式会社光文社
東京都文京区音羽1-16-6（〒112-8011）
http://www.kobunsha.com/
電　話 ― 編集部03(5395)8289　書籍販売部03(5395)8113
業務部03(5395)8125
メール ― sinsyo@kobunsha.com

 ISBN 978-4-334-03504-4